KU RAAXAYSO
NOLOSHAADA

Abubakar Mohammed

Daabacaaddii 3aad
2020

ISBN: 978-0-244-87399-8

Tifaftirka Buugga: Hiil Press
Quraaridda Buugga: Abdullatif Geelle
Cover design: Ali design

"Haddii aad tirisaan nicmada Alle marna ma koobi kartaan badnaan awgeed".

[Surat Ibrahim – 34]

Amaanta akhristayaashu ka qoreen
KU RAAXAYSO NOLOSHAADA

"Buuggan loogu magacdaray Ku Raaxayso Noolashaada, wuxuu ka mid yahay buugaagta tirada yar oo ku qoran afka soomaaliga ee u akhristuhu ka faa'idaysan karo maclumaad muhiim u ah naftiisa gaar ahaan farxadeeda iyo sida murugada looga saari lahaaba. Aniga, Maryan ahaan, saacadihii yaraa ee aan akhrinaayay buuggan waxaan dareemay in aan aad iyo aad ugu raaxaysanayo.

Qoraaga buuggan, Abubakar Maxammed, oo ah wiil dhallinyaro ah waxaa ka muuqata inuu dadaal xoog badan geliyay sida xirfadaysan ee uu u soo uruuriyay xogta wax ku oolka ah ee uu buuggan ku salaysan yahay. Waxaan aad uga helay sida hufan ee uu u daliishaday aayadaha Qur'aanka iyo axaadiista rasuulka scw.

Buugga wuxuu ka kooban yahay lix Qaybood oo qayb walba cinwaankeeda aad ka dheehan karto murtida uu xambaarsan yahay. Lixdaas Qaybood oo kala ah;

Qaybta 1aad, Ha Murugoonin
Qaybta 2aad, Raaxada Ruuxda
Qaybta 3aad, Raaxada Maskaxda
Qaybta 4aad, Raaxada Qalbiga
Qaybta 5aad, Raaxada Jirka
Qaybta 6aad, Ka Farxi Dadka.

Waxaan dhihi karaa buuggan wuxuu soo baxay wakhti ay guud ahaanba bulshada soomaaliyeed gaar ahaana dhallinyarada iyo qurba-joogtu baahi wayn u qabaan, waayo waa buug akhristaha tallaabbo tallaabbo ugu sharxaayo isla markaasna ku dhiiri galinaaya sida uu noolashiisa uga dhigi lahaa mid farxad, raaxo iyo xasilooni leh.

Waxaan kula talinayaa dhammaanba umadda Soomaaliyeed in ay akhristaan buugga, "Ku Raaxayso Noolashaada", si ay u helaan nolol wanaagsan, raaxo badan iyo horumar".

-Dr. Maryan Qasim.
Wasiiradii hore ee Caafimaadka, Waxbarashada & Adeegyada Bulshada.

"Waxaan halkan ugu soo gudbinayaa walaalaha sharafta ee isugu jira rag iyo dumarba, yar iyo weynba, qoraalkan xambaarsan faa'iido la xiriirta nafteena iyo nolosheena iyo diinkeena iyo aduunyadeenaba.

Waxa uu qoraagu isku dayey inuu usoo bandhigo ra'yiga iyo fekerka uu doonayo inuu gaarsiiyo amaba ka dhaadhiciyo aqristaha si sahlan isagoo adeegsanaaya nusuusta shariicada ee isugu jirta quraan iyo xadiis iyo tajaaribka kala duwan oo ay nadhaxalsiisey nolosha iyo wixii la xiriira.

Hadaba waxa aan idinku tirtisiinayaa in aad si degan ugaga mirataan faaiidada uu idiin sido qoraalkan gaaban, sida magaciisa uu yaheyna raaxo badan".

- DR SH ALI MOHAMED SALAH
*Imam of Tawfiiq Mosque. &
Director of Iqra Foundation of Quran and it's Sciences.*

6

"Waxaan nasiib u yeeshay in aan daalacdo qoraalka kitaabka: ku raaxayso noloshaada, oo uu ii soo diray quraagiisu Ustaad Abubakar Mohamed iguna sharfay in aan isha mariyo wixii talo ahna ku biiriyo. marka hore, waan uga mahad celinayaa ustaad Abubakar Mohamed kalsoonida iyo tix-galinta, marka xiga, waxaan u arkaa kitaabkaan in uu yahay mid loo baahnaa, kana hadlaya mowduuc aysan culumada iyo ducaadu in badan ka hadlin ama wax badan aysan ka qorin.

Ustaad Abubakar wuxuu uga hadlay mowduucaan - aragtidayda - si waafaqsan diinta islaamka, waliba asagoo ka faa'iidaysanaya qoraallo iyo cilmi baarisyo kale oo la xariira mowduucaan. Waxaan rajaynayaa in buugaan uu daboolo baahiyo badan oo taabanaya nolosha dad kala duwan oo qaba cabashooyin kala jaad ah oo mowduucaan la xariira. Qoraaga ilaahay ha ka ajar siiyo buugaan , ilaahay na ha ka dhigo kii dadka iyo diintaba anfaca".

-Sh. Bashiir Axmed Salaad
Guddoomiyaha Hay'adda Culumada Soomaaliyeed

✦

Hordhac

Miyaad faraxsantahay? Ma tahay noloshan aad ku nooshahay, nolosha aad dhab ahaan u rabtay inaad ku noolaato? Haddaba, kaalay oo ila fuul doonta "**Ku Raaxaysiga Nolosha**", doontaas oo kaa qaadi doonta halka aad maanta taagan tahay, kuna gayn doonta jasiirad aad u qurux badan oo ay naftaadu raalli ku tahay. Waxaan aad ugu faraxsanahay oo aan kugu hambalyeynayaa, adigana isku hambalyee in aad gacanta ku hayso buugga "**Ku Raaxayso Noloshaada**" buug aad ka helaysid farxadda, ku raaxaysiga, macaanka, deggenaanshaha iyo quruxda nolosha. Waxaa hubaal ah in dad badan maanta adduunka ay raadinayaan farxad, deggenaansho iyo ku raaxaysiga nolasha. Waxaa haysta kadeed, murugo, welwel, xanaaq joogta ah, jaahwareer, in badan waxay taagan yihiin quus iyo rejo la'aan.

Buuggan aad hadda gacanta ku haysatid wuxuu kuu soo bandhigi doonaa talaabo kasta oo aad u baahantahay in aad qaaddo, si aad u hesho raaxada nolosha, dhanka ruuxda, maskaxda, qalbiga, jirka iyo dadka. Waxaadna ka baran doontaa sida loo nooleeyo rejadaada marka ay noloshaadu mugdi gasho!

Buuggan kuuma sheegi doono oo kaliya sida lagu gaaro raaxada nolosha, balse wuxuu kuu sheegi doonaa tallaabbooyin (practical) ah iyo talooyin waxtar leh oo aad ku dabaqi karto noloshaada. Dhammaan waxa ku qoran buuggan ma ahan mid ku dhisan qof fikirkiisa, balse wuxuu ka kooban yahay waxyaabaha saldhig (*tiir*) u ah farxadda.

Buuggan wuxuu ku dareensiin doonaa raaxada nolosha dhabta ah halka laga dhadhamiyo, waxaadna ka heli doontaa dhiirigalin aad u badan oo dhammaan beddeli doonta qaabka aad u aragtid farxadda, wuxuuna ku tusi doonaa in aad tahay qofka ugu farxadda badan adduunka, balse aanan is ogeyn! Marka aad akhriso buuggan waxaad noqon doontaa qof aan la joojin karin, ilaa uu ku noolaado maalin walba farxad.

Sababta buuggan

Marka ay isoo weceen dad badan wiilal iyo gabdho oo i dhahaya: "Noloshan waan nacay waxba kuma haysto, jacayl ma haysto, cabsidaa igu badan, xanaaqa sanka ayuu iga saaran yahay, dhibaato weyn ayaa i haysata", qaarna dhahaya: "Abubakaroow marwalba oo aan isku deyo in aan dhoolla caddeeyo murugta ayaa iga awood badata waan ilmeeyaa!" Waxaan la kulmay dad maalqabeenno ah iyo ganacsato oo i dhahaya "Sideen ku heli karaa raaxada iyo degnaanshaha Qalbiga?"

Markaas kadib, waxaan arkay in baahi bulsho ah ka jirto loona baahanyahay in la qoro buug oo tallaabbo tallaabbo qofka ugu sheegi kara sida uu ugu noolaan lahaa nolol wanaagsan oo raaxo badan, una illoobi lahaa dhammaan murugta iyo welwelka haya! Waxaana isii dhiirrageliyay xadiiska Nabiga scw uu leeyahay: **"Dadka Allah wuxuu ugu jecelyahay kuwooda dadka waxtar badan, camal la qabto waxaa ugu fadli badan in farxad la galiyo qalbiga qof mu'min ah"**.

Alle waxaan ka rejaynayaa in uu iga mid dhigo dadka uu jecel yahay. Ma jirto adduunka waxaan ka jecelahay in aan sabab u noqdo farxadda iyo dhoollacaddaynta qof Somaali ah, mana lasoo koobi karo farxaddayda marka aan arko in buuggani uu beddelay qof dhan noloshiisa! Maxaa ka qurux badan? Waxaan Alle swt ka rejaynayaa in uu buuggan ka dhigo buug suurta geliya in qofkasta uu ka helo aqoon ku filan si uu nolashiisa ugu raaxaysto!

Buuggan wuxuu ka kooban yahay 6 qaybood oo kala ah:

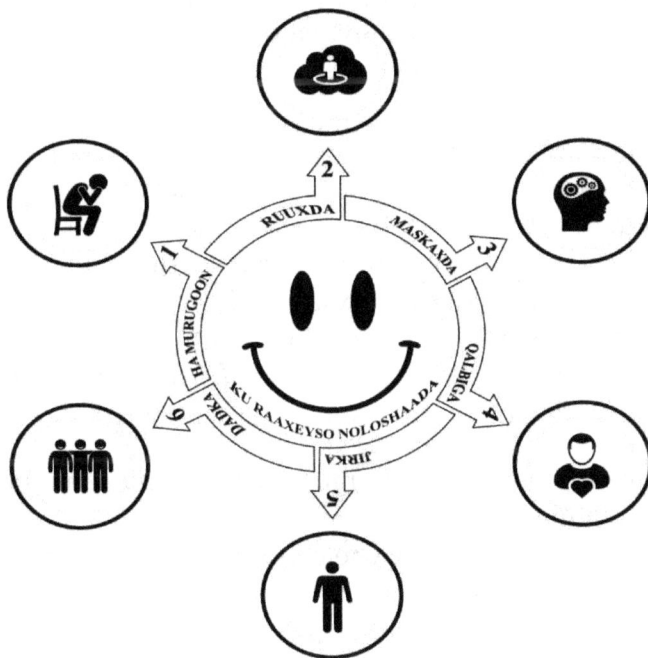

Qaybta 1aad: Ha murugoon:
Lagama yaabo in uu qofku noqdo mid ku raaxaysta nolashiisa haddii uu murug dareemayo, sababta oo ah 2 dareen hal mar ma kulmaan; dareen farxad iyo dareen murug. Waxaan marka ugu horreeya ku billaabi doonaa safarkeenna quruxda badan ku raaxaysiga nolosha, in aan daawo u helno muruggada aan dareemayno. Waxaan qaybtan kuugu soo bandhigi doonnaa:

- Sida aad maskaxdaada uga masaxi lahayd maalmo mugdi ah oo aad soo martay, uguna diyaarin lahayd maalmo nuur badan.
- Muhiimadda ay leedahay in aad noolaatid HADDA.
- Sida aad u qeexi (*fahmi*) lahayd dhibaatada ku haysata.
- Sida aad ku oggaan lahayd asal ahaan halka ay ka timid dhibaatada.
- Waxyaabaha aad ku xallin karto dhibaatada.
- Ducooyin iftiiminaya noloshaada.
- Alle in uu kuu abuuray Farxad.

Qaybta 2aad: Raaxada Ruuxda:
Marka aan raadiyay waxa ay ku raaxaysato ruuxdu, waxaan oggaaday qofka kaliya oo ii sheegi kara jawaabtaas in uu yahay midka abuuray ruuxda iyo dadka oo dhan; Allaah, kadib waxaan ka baaray Qur'aanka iyo sunnada, waxaan oggaaday in ruuxda aysan raaxaysanaynin illaa marka ay u dhowaato midka abuuray, Allaah! Waxaan soo qaadan doonnaa qaybtan:

- Macaanka uu leeyahay iimaanka iyo sida aan u heli lahayn macaankaas.
- Raaxada salaadda laga helo iyo sida aad ugu raaxaysan lahayd salaadda.
- Deggenaanshaha qalbiga halka laga helo.

Qaybta 3aad: Raaxada Maskaxda:
Inta aad nooshahay waxa ugu weyn oo farxad ama murug ku dareensiiya waa sida aad u fekerayso. Sababta aad ugu raaxaysan wayday noloshaada waa natiijad ka dhalatay qaabka liita ee aad u isticmaalayso maskaxdaada. Qaybtan wuxuu si dhab ah kaaga caawin doonaa:

- Sida loo oggaado waxa si dhab ahaan kuu farxad geliya.

- Sida aad u qaadan lahayd mas'uuliyadda nafsadaada.
- Sida ugu fiican ee loo dejiyo hadafyadaada iyo sida degdeg loogu gaaro hadaf kasta oo aad leedahay noloshaada.
- Sida aad ugu raaxaysan lahayd inta yar ee aad haysatid.
- Sida aad ku oggolaan lahayd noloshaada.
- Sida loo noqdo mid mar walba Alle u mahadceliya.
- Sida wax walba dhinaca wanaagsan loogu fiiriyo.
- In aadan is barbardhigin.
- Sida aad u ahaan lahayd qofka adiga aad tahay, una joojin lahayd saamaynta hadallada dadka.

Qaybta 4aad: Raaxada Qalbiga:

Waxa ugu weyn ee uu ku raaxaysto qalbigu, waa in uu helo jacayl joogta ah. Jacaylka waa waxa ugu quruxda badan ee la haysto. Sooma aad arkin marwalba oo aad fiirisid qofka aad jeceshahay, wajigaaga waxa ka muuqda farxad iyo dhoolla caddayn. Waxaan qaybtan kuugu soo bandhigi doonaa:

- Sida Jacayl qurux badan loo dhiso.
- Sida Jacayl kaas quruxda badan loogu noolaado.
- Sida loo doorto lammaanaha mustaqbalka.
- Qofka sida dhabta ah kuu jecel waxyaabaha lagu garto.
- Bankiga jacaylku waa maxay?
- Sida uu Nabiga ula dhaqmi jiray xaasaskiisa.
- Qalbiga sida loo nadiifiyo.

Qaybta 5aad: Raaxada Jirka:

Daryeelidda jirkaagu saamayn aad u weyn bay ku yeelataa ku raaxaysiga noloshaada. Nabiga scw wuxuu inoo tilmaamay in qofka naftiisa ay xaq ku leedahay. Qaybtani waxay si dhab ah kaaga caawin doontaa:

- Sida aad u daryeeli lahayd caafimaadkaaga.
- Sida aad ku heli lahayd dhammaan maaddooyinka jirka u baahanyahay.
- Sida aad u ilaalin lahayd nadaafadda jirkaaga.
- In aad maalin walba samaysid jimicsi fudud.
- In aad heshid hurdo kuugu filan iyo daawada hurdo la'aanta.
- In aad aaddid safar, si jirkaaga firfircooni u helo iyo faa'idooyinka uu leeyahay safarku.

Qabta 6aad: Ka farxi dadka:
In aad xiriir fiican la samaysid bulshada oo qalbigooda soo jiidatid ka farxisid, ayaa ah waddada ugu wanaagsan loo maro ku raaxaysiga nolosha. Qaybtan wuxuu si dhab ah kaaga caawin doonaa:

- Sida aad farxad ugu abuuri lahayd qalbiyada dadka kale.
- Sida aad u beddeli lahayd dabeecadaha aan wanaagsanayn.
- Sida hadalkaaga aad ugu dari lahayd malab si dadka aad u soo jiidatid.
- Waddada ugu wanaagsan ee lagu qurxiyo wajiga.
- Sida aad ku noqon lahayd qof dadka oo dhan ay jecelyihiin.

Haddii aad jeceshahay inaad marwalba faraxsanaato oo noloshaada ku qaadato farxad, waxaad heshay fursaddii ugu weynayd! Akhri buuggan oo baro halka laga helo raaxada nolosha.

1

HA MURUGOON

Habeen kasta oo mugdi ah
waxaa ka danbeeya, maalin iftiin badan.
Culays waxa ka danbeeyaa waa fudayd.

WAXAAD DHAHDAA: "YAA ALLAAH"

"Dhibaatadaadu si walba oo ay u weyn tahay, waxaad haysataa Alle weyn oo kaa saaraya dhibaatadaas. Gacmaha u taago oo isaga u dhawaaq, ma jirto awood ka sarreysa ducada, sababta oo ah waxaad xiriir la samanaysaa midka adduunka iyo cirka iska leh. Midka u beddeli kara dhibaatooyinkaaga oo dhan xal, xanuunaadaada oo dhan caafimaad, ilintaada oo dhan dhoollacaddeyn, riyooyinkaaga oo dhanna suurtagal."

Waa kuma midka dhibaataysan, marka uu gacanta u taagto ka fayda dhibaatada? Waa kuma midka ku siin kara farxad, degganaansho, raaxo aad ka dareentid qalbiga? Waa kuma midka gacmihihiisa ay ku jiraan adduunkan oo dhan, oo aanan cidna ka sarreynin, wax walba uu rabana ka dhacayo adduunkan?

Waa Allaah. Allaah wuu kuu jeedaa. Allaah wuu ku maqlaa. Allaah qalbigaaga waxa ku jira ayuu ogyahay. Haddii murugta ay kuugu siyaaddo fiiri samada sida ay u weyntahay iyo Allaha samadaas abuuray in ay xaaladdaada ka qarsoonayn, kadibna dhoollacaddee naxariista Alle marna haka quusan inta aad nooshahay.

Haddii uu adduunka oo dhan ciriiri kugu noqdo oo aad dareentid culays sida adduunka oo dhan in dushaada la saaray oo kale waxaad dhahdaa: **Yaa Allaah.**

Haddii aad dareentid murug, cabsi, welwel iyo walbahaar oo aad waydid waddo aad murugtaas uga baxdid, waxaad dhahdaa: **Yaa Allaah.**

Haddii lagugu imtixaanay jirro aadan habeenkii seexanaynin illaa adiga oo xanuunsan, subaxdii marka aad soo kacdid, la kacayo adiga oo ku haayo xanuun waxaad dhahdaa: **Yaa Allaah.**

Haddii wax kasta kaa qaldamaan oo qorshe walba oo aad samaysay kuu shaqayn waayo, waddada aad ku socoto kula noqoto buur aad korayso, waxaad dhahdaa: **Yaa Allaah.**

Haddii lagugu leeyahay deyn oo maalin walba aad ka fekerayso deyntaas iyo sida aad u dhiibi lahayd waxaad dhahdaa: **Yaa Allaah.**

Haddii Lagu dulmiyo oo lagugu xadgudbo, maalin walba lagu dhibaateeyo oo been lagaa sheegayo, laguna xamanayo waxaad dhahdaa: **Yaa Allaah.**

Haddii aad si fudud u waydo wixii aad muddo badan ku soo tabcaysay waxaad dhahdaa: **Yaa Allaah.**

Haddii lagugu tuhmo wax aadan gaysan, dadka oo dhanna isugu markhaati furaan in aad samaysay waxaad dhahdaa: **Yaa Allaah.**

Haddii aad waydid hooyadaa, caruurtaada, xaaskaaga, gurigaaga, shaqadaada iyo waxbarashadaada waxaad dhahdaa: **Yaa Allaah.**

Allaah wuxuu leeyahay: "**Addoomadayda waan u dhawahay, waana ka aqbalaa ducada marka ay wax i weydiisanayaan.**" Marwalba aad dhib dareentid gacmahaaga samada u taago oo waxaad dhahdaa oo aad ku celcelisaa:

Ilaahayoow aniga waxaa i taabtay dhib Adigana waxaad tahay mid naxariis Badan.

Ilaahayoow xaaladda aan ku suganahay waad u jeeddaa, adiga ayaana iga bixin kara xaaladdan. Ilaahayoow iga bixi oo qalbiga ii qabooji.

Ilaahayoow waxaan dulmiyay naftayda, haddii aadan ii dambi dhaafin oo aadan ii naxariisan, waxaan ahaanayaa kuwo khasaaray.

Ilaahayoow ka yeel indhahayga kuwa arka waxa wanaagsan, carrabkayga mid khayr ku hadla, gacantayda mid dadka u gargaarta, qalbigayga mid cafis badan, naftayda mid ku mashquusha wax faa'iido leh.

Ilaahayoow ii rumee riyadayda, ii iftiimi mustaqbalkeyga, i gaarsii guul, ii barakee waqtigayga.

Ilaahayoow isii sabar iyo adkaysi, marka wixii aan qorshaystay u shaqayn waayaan sidii aan u rabay.

Ilaahayoow adiga ayaa garanaya waxa ii wanaagsan ee igu caawi in aan aqbalo qaddarta iyo wixii aad ii qortay.

"Ilaahayoow waxaa i taabtay dhib
adigana waxaad tahay rabbi naxariista."

Nebi Ayuub waxa Alle uu siiyay 14 carruur , xaas fiican iyo xoolo badan. Waxa uu lahaa dad badan oo u adeega, kana shaqeeya hantidiisa. Waxa kale oo uu lahaa beero waaweyn oo ay ka baxaan dhammaan khudrado kala duwan, waxaana u dheeraa intaas nebinimo iyo cibaado badan. Waa nolol raaxo leh oo qof kasta hamiyo inuu ku noolaado. Muddo 70 sano ah ayuu ku noolaa nimco iyo barwaaqo.

Nebi Ayuub xaaladdiisa hal mar ayay is beddeshay. Waxa ku dhacay xanuun oo uu la kici waayey, kadibna xoolihii iyo shaqaalihii ayaa ka baxay, sidoo kale waxa ka geeriyooday dhammaan carruurtii uu dhalay oo mid mid u dhintay. Waxa ehelkiisii kasoo haray xaaskiisii oo ahayd xaas fiican, waxayna noqotay gabar faqiirad ah. Waxay dantii ku kalliftay inay shaqo tagto oo ay u khidmayso guryaha, si ay u hesho nolol maalmeedkeeda. Nebi Ayuub wuu sabray, wuxuu ahaa qof aan ka caajisin dikriga Alle. Nebi Ayuub jirkiisii qayb ka mid ah ayaa marba go'aysay, dadkii oo dhan wey ka tageen, marka laga reebo xaaskiisii oo iyadu ku mashquushay daryeelkiisa iyo cunto siintiisa.

Maalin maalmaha ka mid ah ayaa xaaskiisa ku dhahday: "Nebi Ayuub; maxaad Alle u weydiisan wayday in uu dhibta kaa qaado?" Nebi Ayuub waxa uu dhahay: "ma xasuusataa inta sano ee aan caafimaadka qabay, xoolana haystay?" Xaaskiisii waxay dhahday: "haa 70 sano ayaad caafimaad qabtay oo ku noolayd nolol barwaaqo leh!" Wuxuu dhahay Nebi Ayuub: "Alle waxa uu ii barwaaqeeyey 70 sano ee miyaanan dhibta u samrayn 70 sano oo kale?!"

Nebi Ayuub waxa uu samray muddo dhan 18 sano, oo dhibtu marba marka ka danbeysa ay ku sii kordhaysay. Ugu danbayntii xaaskiisa waxa loo diiday shaqadii, dadkiina albaabada ayay kasoo xirteen, kadib markii ay aragtay in aanay wax cunto ah haynin ayay iska jartay timaheedii oo iib geysay, markaas ayay kusoo gadday cunto si ay ninkeedi u siiso, cuntadii ayay u keentay Nebi Ayuub, markaas ayuu wayddiiyay xaaskiisii meesha ay ka keentay cuntada sababta oo ah wuu ogaa in shaqadii loo diiday. Xaaskiisii ma rabin in ay u sheegto, laakiin Nebi Ayuub waa ku adkaystay, waana ku celceliyay kadibna way u sheegtay; in ay gaday timaheedii. Nebi Ayuub markii uu arkay in dhibtii meel aad uxun gaartay ayuu samada fiiriyay oo Alle u dhawaaqay wuxuu yiri: **"Alloow dhib ayaa i taabatay adigana waxaad tahay rabbi naxariista."** Markii uu dhibaatadiisa u sheegtay allaah ayaa farajkii u yimid. Alle wuu caafiyay, farxad ayuu ugu beddelay. Waxaa Alle qaddaray inay xaaskiisa da'yaraato, oo dhallinyaro ay ku noqdaan labadooda. Sidoo kale Alle wuxuu u soo celiyay carruurtoodii, beerihii iyo shaqaalihii dhammaantood.

Miyay ku soo gaartay dhibaatadaas oo kale oo gaartay Nebi Ayuub 18 sano oo dhibaato ah?
Miyaad wayday dhammaan carruurtaada?
Miyaad wayday dhammaan hantidaada?
Miyaad wayday dhammaan Caafimaadkaaga?
Miyay kaa tageen dadka oo dhan?

Maxaad la Murugoonaysaa marka ?
Nolosha miyaad nacday? Dad badan ayaa jirro xanuunsan oo isbitaallada jiifa oo ay ku xiran tahay ogsijiinta neefta, wax kasta ayay ku bixinayaan si ay u sii noolaadaan!

Lacag badan oo aadan haysan miyaad ka murugaysantahay? Dadka aduunka ugu badan waa dad aan wax haysan, qaar badan waxay ku noolyihiin 1 Dollar wax ka yar maalintii.

Qof ayaa war kaa sheegay ayaa la murugoonaysaa miyaa? Qaar baa xorriyaddoodi waayay oo xabsiyada dhex jiifa!

Ma qof aad jeclayd ayaa kaa tagay oo la murugoonaysaa? Ma ogtahay in 7 Bilyan oo qof adduunkan ay ku noolyihiin.

Haddaba sida Nebi Ayuub oo kale gacmahaaga samada u taago oo waxaad dhahdaa: **Ilaahayoow iga qaad dhibaatada, adiga ayaa arrintaas awooda.**

SHALAY, MAANTA IYO BERRITO

"Noloshu way qurux badan tahay ee ku raaxayso, waa haddiyad qaali ah, hana ka murugoon shalay, waayo waa lasoo dhaafay, hana ka walwalin berri, waayo wali lama gaarin, ka fakar maanta kana dhigo maalin qurux badan."

Shalay
In laga murugoodo wixii tegay waqtiga ayuu kaa qasaarinayaa, wixii tegay waa taariikh, ma tirtiri kartid waxna kama beddeli kartid. Waxay ahaayeen wax qoran, sabab ayay na ku dhaceen. Bilow nolol cusub. Iska illoow wixii aad soo martay, wixii ku dhaawacay, wixii ku dhibaateeyay, shaqo aad wayday, guri kaa gubtay, xiriir kaa xumaaday, nin kaa tegay, haweenay ku khiyaantay. Dhammaan iska illoow sababta oo ah masoo celin kartid way dhammaadeen.

Qofka maanta oo dhan ka murugoonaya wixii tegay waa qof raba in uu ilmaha la dhalay ku celiyo caloosha hooyada, illinta oohintana ku celiyo isha, maalintiina ku celiyo habeen lasoo dhaafay! Suurtogal ma ahan ee noolow hadda kuna raaxayso, iskana illoow wixii tegay waa tegay!

Fikirka ah: "waxa fiicnaan lahayd haddii aan sidaas samayn lahaa" iyo "Maxaan sidaas u sameeyay?" Kuma caawinayso ee waxay kugu mashquulinaysaa feker aan xal lahayn. Nabiga scw wuxuu leeyahay: **"Haddii ay kugu dhacdo arrin, ha dhihin: Haddii aan sidaas iyo sidaas samayn lahaa, laakiinse waxaad dhahdaa "Qaddar Allaahu wamaa shaa'a facal" hadalka 'Haddii' waxay kuu fureysaa shaqooyinka shaydaan"**.

Waa in aad kala doorataa in aad hore u socoto oo nolol cusub billowdo iyo in aad ku noolaato xusuus wixii aad soo martay iyo ka sheekayn taariikh tagtay. Taas waa go'aan adiga keli ah aad gaari karto. Marnaba gacantaada ha ku baabi'inin noloshaada. Waxaad u baahan tahay in aad billowdo nolol cusub, ka billowdo meesha aad joogto, ku billowdo waxa aad haysato.

Waxaad u baahan tahay in maskaxdaada ka masaxdo maalmo mugdi ah oo aad soo martay si aad ugu diyaariso maalmo nuur badan. Waxaad u baahan tahay in aad nafta ku mashquuliso wax khayr kuu ah, wax dan kuugu jirto, wax horumar kuu horseedi kara. Waxaad u baahan tahay in aad nafta ka ilaaliso firaaqo badan iyo caajis. Hana illoobin **Waxa soo socda ayaa ka wanaagsan wixii tegay**. Mid marna ha iloobin casharkii aad ka baratay shalay! si aysan mar kale kuugu dhicin!

Ha ka murugoon wixii tegay oo adduunyo ah sababta oo ah Alle ayaa xikmaddiisa kugu siiyay inta aad haysatid ee dheh Alhamdulilaah.

Maanta

Noolow hadda sababta oo ah noloshaada dhabta ah waa hadda, xilligan aad nooshahay, xilligan aad aqrinaysid buuggan! Lagama yaabo in aad ku raaxaysatid nolashaada haddii aad ka murugoonaysid wixii tegay ama aad ka fakerayso waxa soo socda. Waxa aad nafsadaada u sheegtaa in hadda aad nooshahay oo maanta keli ah aad haysatid. Hadda ku dadaal salaadda, qur'aan aqriska, sadaqada iyo dhammaan wax walba oo Alle uu jecel yahay, kuna qurxi maalintaada jacayl, naxariis iyo dhoolla caddayn qurux badan.

Ugu nooloow maalintaada sidii iyada oo ah maalintii kuugu dambaysay nolashaada. Maalin walba oo kusoo marta waa maalin cusub ee ka faa'iidayso, sababta oo ah masoo laabanayso markale.

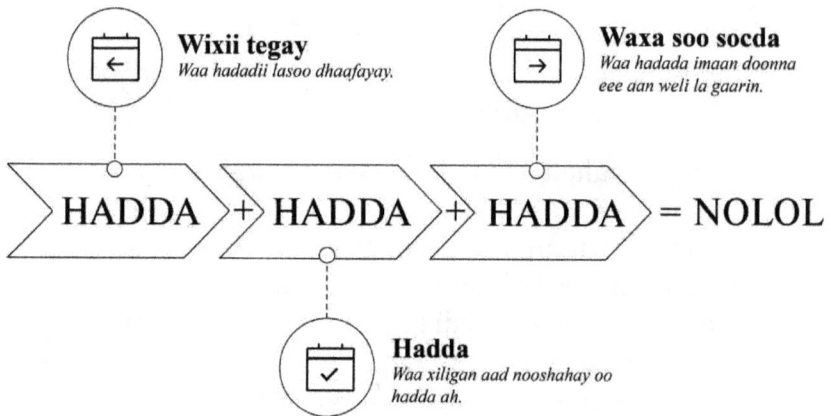

Wixii tegay
Waa hadadii lasoo dhaafayay.

Waxa soo socda
Waa hadada imaan doonna eee aan weli la gaarin.

> HADDA > + HADDA > + HADDA > = NOLOL

Hadda
Waa xiligan aad nooshahay oo hadda ah.

Noloshu waa Hadda + Hadda + Hadda = waa Nolol. Wixii tegay waa xusuus ku jirta maskaxdaada oo ahaa Haddadii lasoo dhaafayay, ma ahan wax la taaban karo, sidoo kale waxa soo socda waa sawir ku jira maskaxdaada oo aad ku riyoonaysid, isaguna ma ahan wax la taaban karo oo xaqiiq ah, waa Haddada soo socda. Waxa keliyah ee aad haysatid waa maanta, waa saacaddan, waa daqiiqaddan, waa Hadda. Hadda ayaad maamuli kartaa, hadda ayaa gacmahaaga ku jira, haddii aad hadda si fiican ugu fa'iidaysatid waxaad haysataa hadhow xusuus qurux badan!

Nabiga scw wuxuu yiri: "**Haddii aad waabariisatid ha sugin galabtii haddii aad galabaysatidna ha sugin subaxda**".

Berrito

Ha ka welwelin in badan waxa kaa maqan ee mustaqbalka ah. Alle ayaa garanaya waxa dhici doona. Xoogga saar in aad wanaajiso maanta iyo waxa aad haysato. Haka horumarin maalmaha, ma waxaad rabtaa in aad cuntid tufaax aanan soo bixin.

Berrito ma ahan wax la taaban karo oo xaqiiq ah, marka maxaad ugu murugoonaysaa maalin aanan qoraxdeeda soo bixin? Haka murugoon waxa soo socda oo aadan oggayn in aad noolaanayso iyo in kale. Talada rabigaaga u dhiibo, xusuusnoow inaan cidna kuu diidi karin wixii laguu qoray. Nabiga scw wuxuu yiri: "**Ogow haddii ummadda oo dhan isugu tagto in ay wax kuu tarto waxaan Alla kuu qorin kuuma qaban karaan. Haddii ay isugu tagaan in ay dhib ku gaarsiiyaan kuma gaarsiin karaan waxaan laguu qorin**".

Ogoow, in nafi aysan dunidan ka tagayn illaa ay ka dhammaysato wixii Alle u qoray. Haddii ay tahay risqi, hanti, caafimaad, carruur, lammaane iyo nolol wanaagsan. Mustaqbalkaaga waxay gacanta ugu jirtaa rabbigaaga og xaaladdaada, wuu kuu naxariistay xilli uu ku abuuray, adduunka ayuu ku keenay, wax kasta oo dunidan ku jira adiga ayuu kuu abuuray, nimco kasta oo hadda aad haysatidna isaga ayaa ku siiyay, marka sooma ahan in rabbi markasta agtiisa aad ka sugto mustaqbal wanaagsan."**Alle wuxuu jecel yahay kuwa tala saarta.**"

HA MURUGOON

"Ha ku dhuminin waqtigaaga tirinta dhibaatada, yaysan kuu muuqan keliyah waxyaabaha aadan haysan, xusuuso oo ku mahadceli nimcooyinka Alle ku siiyay."

Ha murugoon, murugtu waxay kusoo xasuusinaysaa wixii tegay, waxayna kaa cabsi gelinaysaa waxa soo socda. Maalintaada oo dhan way baabi'inaysaa.

Ha murugoon, murugtu waa waqti lumis. Waxba ma beddali karo. Wuxuu wareerinayaa maskaxdaada, wuxuuna kaa xadayaa farxadaada.

Ha murugoon, habeen kaste oo mugdi ah waxa ka danbeeya, maalin iftiin badan. Culays waxaa ka danbeeya waa fudayd!

Ha murugoon, xanuunka waa laga caafimaadi, dhibaatada way dhammanaysaa, dunuubta waa la dhaafayaa, deynta waa la bixinayaa, qofka maqanna wuu imanayaa, qaladkana waa la saxayaa.

Ha murugoon, waxaad leedahay: 2 Indhood oo aad wax ku aragtid. 2 dhegood oo aad wax ku maqashid. 2 lugood oo aad ku socotid. 2 gacmood oo aad wax ku qabatid, Meel aad seexatid. Maskax aad ku fakartid. Qalbi aad wax ku dareentid. **"Haddii aad tirisaan Nicmada Alle ma koobi Kartaan".**

Ha murugoon, nolosha wixii laguugu talagalay waad helaysaa xitaa haddii ay laba buur hoostooda ku jiraan. Wixii aan laguugu talogalin ma helaysid xitaa haddii ay ku jiraan labadaada bishimood dhexdooda.

28

Ha murugoon, sababta oo ah murugta ma joojin karo wax aadan jeclayn in ay dhacaan, waxa uu kaa joojiyaa in aad ku raaxaysato wanaagga aad haysato.

Haka murugoon, in Alle ducadaada kuu aqbali waayay, xaqiiqdii Alle ayaa garanaya wixii khayr kuugu jiro, qorshihiisa ayaana ugu wanaagsan.

Ha murugoon, sababta oo ah murugta wuxuu keenayaa cunto xumo, hurdo la'aan, madax xanuun badan iyo miisanka jirkaaga in uu lumo isla markaasna farxadda iyo fir fircoonidaada aad waysid.

Ha murugoon, haddii aadan joogin meeshi aad rabtay. Alle ayaa garanaya meeshii kuu roon, samir kuna qanacsanow meesha aad joogto.

Ha murugoon, xilligan oo aad neefsatay adiga oo caafimaad qaba, qof ayaa qaatay neeftiisii u dambaysay oo aduunka ka tegay.

Ha murugoon, haddii guuldarro iyo fashil ku soo gaaray, ku farax in aad cashar ka baratay, ogoow in qof kasta oo guulaystay uu soo maray guuldarrooyin badan!

Ha murugoon, haddii aysan dadka ku jeclayn, adigu naftaada jeclow. Ha isu beddelin hana iska dhigin qof aadan ahayn si dadka kale kuu jeclaadaan.

Ha murugoon, waxa Alle kuu doortay ayaa ka wanaagsan waxa aad dooratid!

Haka murugoon, wax aadan awood u lahayn in aad xakamayso, Alle ma saarin garbahaaga culays aadan xammili karin, dhibaatada adduunka oo dhan mas'uul kama tihid.

Haka murugoonin, wixii tegay, waxa soo socda ayaa ka qurux badan. Hana ku mashquulin naftaada albaab soo xirmay ee ishaadaa waa inay qabataa albaabada kale ee furan.

Haka murugoon, haddii qofka aad adduunka ugu jeclayd kuu caddeeyo in aadan agtiisa wax qiima ah ku lahayn, sababta oo ah waxa uu kuu banneeyay waddada si aad u aragto qof isaga ka wanaagsan oo ka muhiimsan oo ka fadli badan.

Abuu Bakarow Ha murugoon Alle ayaa nala jira!

Ha Murugoon oo waxaad soo xasuusataa markii Nabiga scw uu ku yiri Abuu Bakar: **Abuu Bakarow,** Ha murugoon, walwalkana iska fogeey, sababta oo ah Alle ayaa nala jira.

Abuu Bakarow madaxaaga kor u qaad, niyaddaada deji, qalbigaaga qabooji, sababta oo ah Alle ayaa nala jira!

Abuu Bakarow ku bishaarayso guul, nasrigana sug, sababta oo ah Alle ayaa nala jira!

Abuu Bakarow berri farriinta aan sidno waa sare maraysaa, dacwaddeedana way soo muuqanaysaa, kelmaddeenana waa la maqli doonaa, sababta oo ah Alle ayaa nala jira.

Abuu Bakarow Berri dadka adduunka ku nool way maqli doonaan quruxda aadaankeena, raxmaanka hadalkiisa, iyo codka quruxda badan ee Qur'aanka, sababta oo ah Alle ayaa nala jira.

DAAWADA MURUGTA

Waxaan halkan kuugu soo gudbinayaa 10 arrimood, haddii aad la timaadid, murug iyo dhibaato walba aad uga bixi kartid.

1. **Tuko 2 rakcadood** oo xiriir la samee Allaah. Nabiga scw, haddii ay murug qabato wuxuu u istaagi jiray salaadda! Markaas ayuu dareemi jiray raaxo! Alle wuxuu leeyahay **"kaalmaysta sabarka iyo salaadda."**

2. **Xuska Alle ayay quluubtu ku xasilaan,** badi dikriga Allaah si uu qalbigaaga u dego, nafsaddaada u faraxdo. Nabiga scw wuxuu leeyahay: **"Qofkii joogteeya Istiqfaarta wuxuu Alle uga yeelaa hami walba faraj, ciriiri walba meel loogu baxo, wuxuu ka arsaaqaa meel uusan ka filanayn"** Iyo ducada nebi Yuunus **"laa ilaha illaa anta subxanaka inni kuntu mina-daalimeen"** Waa furaha farxadda ee Alle na siiyay! hana iloobin adkaarta subaxdii iyo galabtii kuna celceli **"Xasbunallahu wa Nicmal Wakiil."**

3. Waxaad qalbigaaga ku qaboojisaa aayadda Alle **"Naguma dhaco wax Alle noo qoray mooyee"** Markaas ayaad dareemeysaa waxa Alle kuu doortay in ay ka wanaagsan tahay waxa adiga aad dooratid! iyo Xadiiska Nabiga scw: "Waxa la yaab ah, arrinka qofka mu'minka ah, arrimihiisa oo dhan waa khayr. Waxay gooni u tahay ruuxa mu'minka oo keliya. Haddii uu la kulmo wax wanaagsan wuu farxaa oo wuu ku mahadnaqaa. Haddii dhibaato ku dhacdana wuu ku sabraa waxayna u noqotaa khayr."

4. **Alle dambi dhaaf wayddiiso:** Nin ayaa maalin u yimid Xasan Al Basri wuxuuna ka cabanayay: "Roob

nooma da'in maalmahan. Abaar daran baa na haysa" Wuxuu ugu jawaabay: **"Alle dambi dhaaf weyddiista."** Nin kale ayaa u yimid waxa uuna ku yiri: "Waxaan ka cabanayaa Faqri, waxaan ahay qof aan waxba haysan" Wuxuu ugu jawaabay: **"Alle dambi dhaaf weyddiiso."** Kadib nin kale ayaa u yimid waxa uuna ku yiri "Xaaskayga dhawr sano ayaan wada joognaa wax carruur ah ma dhalin" Wuxuu ugu jawaabay: **"Alle dambi dhaaf weyddiiso."**

Dad meesha joogay ayaa waydiiyay: "Mar kasta oo qof cabasho kuula yimaaddo waxaad siinaysay hal waano oo ah in ay Alle dambi dhaaf waydiistaan keliyah" Xasan Al Basri waxa uu ku yiri: "Miyaydaan maqlin hadalkii Allaah uu Qur'aanka innoogu sheegay marka uu ka warramayay Nebi Nuux: "**Waxaan ku dhahay dambi dhaaf weyddiista rabbigiin, isaga ayaa dambi dhaafid badan, wuxuu u diri samada roob aan kala go'ayn, wuxuu idiin kordhinayaa xoolo iyo carruur, wuxuu idiin yeelayaa jannooyin (beero waawayn) wuxuu idiin yeelayaa wabiyaal socda."** Waxaadna xasuusataa aayadda Alle oo ahayd "**Alle ma ciqaabayo ilaa inta ay dambi dhaaf dalbanayaan."**

5. **Alle ka cabsi:** Alle wuxuu Qur'aanka ku yiri: **"Ruuxii Alle ka cabsada wuxuu u furi faraj. Wuxuuna ka irsaaqi meel uusan ka filanayn, Qofkii Alle Tala saartana waa ku filan yahay."**

6. **U sheeg naftaada waxyaabaha aad ka walwalsan tahay:** Markii aad naftaada u sheegto oo aad sharraxdid dhibta ku haysa, aadna qortid, waxaad oggaan kartaa markaas tallaabooyinka ugu wanaagsan ee aad qaadi karto si aad u xalisid walwalkii aad qabtay!

7. **Raadi xalka:** Ogoow in dhibaato walba ay leedahay xal! Raadi xalka kuna dhaqaaq samayntiisa! Sidoo kale isku day in aad la wadaagtid asxaab, taas waxay kuu suurto gelinaysa in aad hesho xal badan oo kaa maqnaa.

8. **Wax ka baro**: Dadka qaarkood waxay la yaabaan ama is wayddiiyaan sababta dhibaatada ugu soo noq-noqonayso, ma oga in Imtixaanka iyo casharrada la soo cel-celiyo ilaa qofka wax ka barto ama wax ku qaato!

9. **U sheeg saaxiib:** Haddii fikirkaagu bato raadi saaxiib aad ku kalsoon tahay una sheeg dareenkaaga, qofka oo dareenadiisa qarsada waxay u keeni kartaa cudurro badan! Iskudey in aad ka hadashid dareemahaaga, laakiin saaxiibkaaga waa inuu ahaado saaxiib wanaagsan oo murugtaada murugtiisa ah, ku fahmaya, kula fakeraya!

10. **Hagaaji fekerkaaga:** Ka faker waxyaabaha aad haysatid! Inta aadan ka fekerin waxyaabaha kaa maqan. Nafsaddaada u sheeg in ay jiraan boqollaal arrimood oo Alle aanan kaa qaadin, haka fekerin oo keliya arrintan kaa maqan si aadan u murugoon. Dheh "Alhamdulilaah" in dhibaato kasii daran ku haysan, marwalba soo xusuuso in ay jiraan dad adiga kaa daran.

Ku dadaal arrimahan
- Iska xir albaab walba oo murug sababi karta.
- Ha samayn denbi; sababta oo ah waxa lagu helaa nolol ciriiri ah!
- Ka fogow waxyaalaha Negative ka ah.
- Iska ilaali kalinimada.

- Isku dhaafi murugadaada in aad waqti la qaadatid dadka ku jecel.
- Hel nasiino iyo hurdo kugu filan.
- Biyo badan cab.
- U dhoolacaddee murugta.
- Xaqiiqso, culays walba waxa ka dambeeya fudayd.
- Ha iloobin adkaarta subaxdii iyo galabtii.
- Wax ka baro qisadii nebi Yuusuf (*Aqri Suratu Yuusuf*)

QAABKA XALLINTA DHIBAATOOYINKA

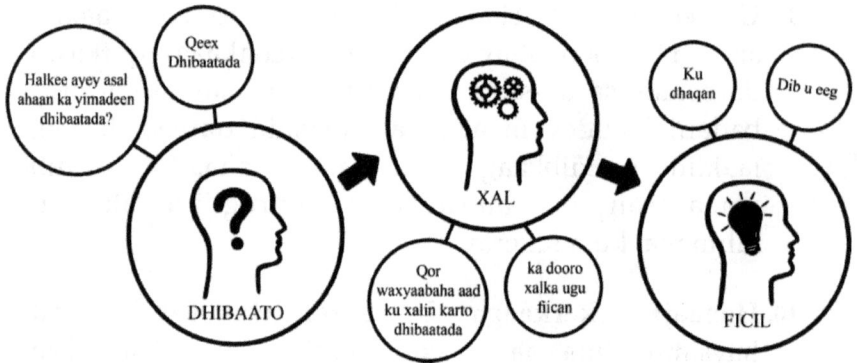

Ka jawaab su'aalahan si aad awood ugu yeelatid xalinta dhibaato walba oo ku haysata noockaste oo uu yahay!

1- Waxaad qeexdaa dhibaatada ku haysata?

2- Halkee ayay asal ahaan ka timid dhibaatada?

3- Maxaa kasii dhib badnaan lahayd, haddii uu kugu dhici lahaa?

4- Qor waxyaabaha aad ku xalin kartid dhibaatada?

5- Dooro xalka ugu fiican ee aad ku xallinkarto dhibaatada? kadib na dhaqangeli arrintaas!

DUCADA MURUGTA

Ducada murugta iyo deynta uu Nabiga scw bixiyay ayaan waxaan soo geliyay baraha bulshada, waxaa daawaday in kabadan Malaayiin qof, dad aad u badan ayaa ila soo xiriiray iyaga oo dhahaya: **"Waxaan aqriyay ducadan Alle murugteeda iyo dhibaato walba i heysay wuu iga qaaday, maalin walbana waan aqriyaa, nolashayduna way ka qurux badnaatay sidii hore!"** Ducadaas oo ah:

Maalin ayaa masaajidka waxa soo galay Nabiga scw wuxuu arkay saxaabi Ansaari ah oo fadhiya masaajidka wuxuu Nabiga scw waydiiyay saxaabigii, maxaa ku fadhiisiyay masaajidka ma'ahan xilligan waqtigii salaadda? Wuxuu yiri saxaabigii: "Rasuulkii Illaahayoow murug badan ayaa i taabatay, daynta ayaa igu badatay." Waxa uu dhahay Rasuulka scw: "Maku baraa duco haddii aad akhrisato Illaahay kaa qaadayo murugta, deyntana kaa gudayo?" Waxa uu dhahay saxaabigii: "Haa, Rasuulkii Illaahayoow."

Nabiga scw wuxuu dhahay: **"waxaad dhahdaa subaxdii iyo galabtii 'Allaahumma inni a'cuudu bika minal-hammi wal xazan, wa a'cuudu bika minal-'cajzi wal-kasal wa a'cuudu bika minal-jubni wal-bukhul wa a'cuudu bika min ghalabatid-dayn wa qahrir-rijal."** Wuxuu dhahay saxaabigii: "Waan akhriyay, Illaahay wuu iga dulqaaday murugtii aan daremaayay iyo dayntiina wuu iga bixiyay."

Haddaba ku celceli ducooyinkan, oo dhammaan daawo u ah murugta, walwalka, cabsida iyo dhibaata walba ku qabsata.

1. Laa 'ilaaha 'illaa 'Anta Subxaanaka 'innii kuntu minad-daalimeen.

2. Xasbiyallaahu laa ilaaha illaa huwa ca'layhi tawakkaltu wa huwa rabbul carshil cadiim.
3. Xasbunallaahu wa nicmal wakiil.
4. Laa xawla walaa quw"wata illaa billaahil caliyyil cadiim.
5. Inna lillahi wa inna ilayhi raajicuun.
6. Allahumma laa sahla, illaa maa jacaltahu sahla wa anta tajcalul-xazna, ida shi'ta sahla.
7. Allahu allahu rabbi, laa ushriku bihi shay'an.

ALLE WUXUU KUU ABUURAY FARXAD

Alle wuxuu innoo abuuray waa farxad, in aan noqono dad faraxsan, jannada ayaana marka ugu horeeyo nala dejiyay, kadib na waanala imtixaanay imtixaankaasna wuxuu sababay in Nebi Aadan jannada laga saaro oo aduunka lasoo dejiyo, laakiin Alle wuxuu rabay in aan farxaddaas kusii jirno, wuxuu innoo soo diray nebiyaal iyo manhaj (kutubo) haddii aan raacno aan ku nolaanayno nolol farxad badan inta aanan aadin farxadda dhabta ah ee jannada.

Alle wuxuu ku yiri nebi Aadan: "**Ka hoobta jannada dhammaantiin, haddii uu idiinka yimaaddo xaggayga hanuun, qofkii raaca hanuunka cabsi korkiisa ma ahaato iyo murug midna.**" Wuxuu ku noolaanayaa nolol qurux badan oo wanaagsan sidata farxad, deggenaan, raynrayn iwm.

Diinta Farxadda
Diinteenu ma aysan na amrin oo keliya in aan salaadda tukano ama aan soono, laakiin sidoo kale wuxuu Alle na amray in aan faraxno, hadafka cibaadada oo dhan waxay tahay in aan noqono dad faraxsan oo ku noolaada nolol

wanaagsan. Alle wuxuu leeyahay: "**Waxaad dhahdaa fadliga Alle iyo naxariistiisa arrintaas ha ku farxeen Mu'miniinta.**"Alle wuxuu na amrayaa in aan faraxno kuna faraxno fadligiisa & naxariistiisa.

Sidee ayaan u farxi waynay annaga oo haysana boqarka bixiya farxadda? Midka gacmihiisa waxwalba ay ku jirto "**Allaah**"

Dadka qaarkood waxay u maleeyaan in ay diinta islaamka tahay mid mashaqo badan oo adag, xujo badan waxay iloobeen in uu Alle leeyahay: "**Qur'aanka maanan usoo dejin in aad ku dhibbaatooto**", ee waxaan usoo dejinay waa farxad sidaas ayay leeyihiin culimada mufasiriinta ah.

Diinteenu waa diin naxariis iyo fudayd ah, umaddana illaahay kuma kallifin wixii ay awoodaan mooyee. Waxa aad camal samaysid abaalmarintiisa waad helaysaa! Sida Alle uu qur'aanka uu ku leeyahay: "**Ilaahay kuma kallifin nafna waxay awooddo mooyee**" Ilaahayna wuu ka dulqaaday wixii mashaqo ku ah muslimiinta, waxa uu na nala rabaa fudayd alle wuxuu leeyahay: "**Ilaahay wuxuu idin la rabaa fudaydka, mana idinla rabo culayska**".

Nabiga Farxadda

Tusaale waxaa inoo ah midka aan jecelnahay, xabiibkeena Muxammad Sallallaahu calayhi wa sallam, wuxuu ahaa farxad socota. Waa midka aduunka baray waxa ay tahay farxadda dhabta ah, qofwalba wuu ka farxin jiray, wuu la kaftami jiray, wuu u naxariisan jiray. Dhoola caddayntu waxay ahayd mid marwalba wajigiisa ka muuqata. Cabdilaahi ibnu Xaaris wuxuu leeyahay: "**Maan arkin cid ka dhoolla caddayn badan Rasuulka Sallallahu calayhi wa sallam.**

37

Haweenay duq ah ayaa u tmid Nabiga scw oo ku dhahday: "Rasuulkii Ilaahayoow, ii bari Allah si uu ii galiyo jannadiisa", wuxuu dhahay Nabiga scw: **"Jannada ma galaan islaamuhu."** Markaas ayey laabatay iyada oo murugeysan oo oynaysa, markaas ayaa Nabiga dhahay: "Ma gelaysid adiga oo waayeel ah, ee da'daada ayaa la yaraynayaa, miyaanad akhrin aayadda Qur'aanka: **"Inna ansha nahunna insha a - fa-ja'alnahunna abkaara"**, (Annagaa da'yarayn haweenka jannada. Kana dhigi kuwa bikrooyin ah)."

Saxaabiga Jariir wuxuu leeyahay: **"Nabiga imuu arkin inta aan so islaamay, haddii uu i arkana wuu qosli jiray."** Waa Rasuulkii Allaah, waxa uu hadana ahaa imaam, macallin, xaakim, qaadi, hoggaamiye ciidan sidoo kalena wuxuu ahaa aabbo naxariis badan, nin u samofala xaasaskiisa, iyo saaxiib oofin badan ballamihiisa.
Haddana isaga oo waxaas oo hawlo ah ku gudo jiray ayuu qoslayay oo kaftamayay wuxuuna ku ducaysan jiray **"Alloow waxaan kaa magan galay murugo"**.

Sababta Naloo Imtixaanayo
Mar aan muxaadaro ka jeedinayay dalka Finland ayaa dhallinyaro waxay i waydiiyeen su'aasha ah "Alle haddii uu inoo abuuray farxad waa maxay sababta naloo imtixaanayo? Waa maxay sababta aan murug u dareemayno?"
Markaas ayaan aniguna waydiiyay su'aal: "Maxaa loo sameeyay Gaariga babuurka? Soo ma ahan in uu **Socdo**. Haddii loo sameeyay gaariga in uu socda maxaa sidoo kale loogu sameeyay **Bareeg ama Fariin?** Bareegga soo kama horjeedo socodka?"

Waxay ku jawabeen dhallinyartii "Gaariga si loo istaajiyo, haddii kale qofka shil ayuu ku geli karaa ama wuuku dhiman karaa, qofka amnigiisa ayaa ku jira bareegga".

Waxaan ku dhahay markaas: Alle wuxuu innoo abuuray Farxad sidoo kalena murugta waan u baahan nahay sababta oo ah:

1. **Shayga lama fahmi karo haddii uusan jirin wax kale oo kasoo horjeedo.** Tusaale: Farxadda qiimaha ay leedahay lama fahmi karo haddii uusan jirin murug. Caafimaadkana lama fahmi karo haddii uusan jirin xanuun! Dhibaatadana lama fahmi karo haddii uusan jiri lahayn fudayd! Ibn Aadamka nicmada uu haysto ma dareemo ilaa marka uu waayo!

2. **Xornimo iyo Doorasho:** Haddii qofka farxad oo keliyah lagu noolayn lahaa waxa meesha ka bixi lahayd xornimada iyo doorashada ee Alle qofka siiyay, wax walba sabab ayay leeyihiin qofka Ibn-aadamka murug walba oo uu dareemo ama dhibaato walba ku timaadda, waa wax isaga gacmihiisa ku kasbaday, waxa laga yaabaa in dembi uu sameeyay ama waddo qaldan in uu qaaday! Qofka wuxuu haystaa xornimo in uu wanaagga sameeyo oo adduunka janno ugu noolaado ama xumaan kadib na maalin walba welwel ku noolaado! Tusaale: qofku haddii uu lacag deyn ah qaato kadib na deyntaas bixin waayo, qofka lacagta ku lehna maalin walba wayddiinayo lacagtisa, murugta qofkaas dareemayo soo ma ahan wax isagu gacmihiisa ku kasbaday oo doortay marka ugu horeeya in uu lacag qofkale ka qaato.

3. **Guusha ma timaaddo haddii aan loo dhibtoon:** Qofka markii la imtixaanayo waxa lala rabaa meel ka sareysa halka uu joogo! Waxaan ognahay in marka aan Iskoolada dhiganayno ay tahay in aan marno

imtixaano, si aan u helno shahaado. Waxaan samaynaa
dadaal aad u badan si aan u baasno una faraxno! Alle
wuxuu doonayaa inuu eego in Iimaankeenu dhab
yahay, ilaa inta aan adkaysi leenahay, ama in aan is
dhiibno haddii waswaas yar sheydaan xaggiisa nooga
yimaaddo. Ogow imtixaan kasta oo Alle xagiisa ka
ahaada waa mid khayr inoo ah.

4. **Qof adag:** Ogow dhibkasta waxa ay wadataa faa'iido
la'eg ama ka weyn. Xaalaadda adag waxay kaa
dhigeysaa qof adag waxayna kugu kordhineysaa caqli
iyo xikmad aadan lahayn marka aad barwaaqada ku
jirtay!

5. **Danbi dhaaf:** Alle qofka haddi uu jeclaado wuu
imtixaanaa, sababta oo ah Alle wuxuu rabaa in uu
dhammaan danbiyadiisa adduunka ugu dhaafo si
maalinta qiyaamo marka uu yimaaddo jannada u galo.

2

RAAXADA RUUXDA

Malik Ibn Diinaar wuxuu yiri:
"Waa masaakiin ahlu dunyaa, waxay katageen
adduunka iyaga oo aanan dhadhaminin waxa ugu
macaan adduunka" Waxaa la wayddiiyay waa maxay
waxa ugu macaan adduunka? Wuxuu dhahay:
"Waa garashada Allaah iyo jacaylkiisa."

MACAANKA IIMAANKA

Kiristiina Onassis waa gabar giriig ah waxaa dhalay maal-qabeenkii weynaa (Aristotle Onassis). Kaas oo hantidiisa gaartay malaayiin lacag ah, sidoo kale lahaa shirkado, diyaarado, maraakiib iyo jasiirado loo dalxiis tago. Si lama filaan ah ayaa waxa dhintay aabbaheed, sidoo kalena hooyadeed, muddo kadibna waxaa walaalkeed la dhacday diyaarad oo uu halkaas ku dhintay.

Kiristiina kaligeed ayaa waxa ay noqotay dhaxal qaataha reerka. Ma garaneysaa hantida ay gabadhaasi kaligeed hantiday? Waxay aabbaheed ka dhaxashay 5kun oo bilyan sidoo kalena shirkado diyaaradaha ah, maraakiib, iyo jasiirado lagu dalxiiso. Gabar haysata hantida intaas oo dhan iyo shirkaddaas soo ma ahan in ay ku raaxaysato nolosheeda? Sooma ahan in ay noqoto gabadha ugu farxadda badan adduunka? Imisa qof ayaa rejayn lahaa in ay noqdaan gabadhan oo kale? Mise ma ogtahay haddii hantida Kiristiina loo qaybin lahaa 1.000 qof uu mid kasta uu noqon lahaa Milyoneer? Maxaad u malaynaysaa gabadh hantidaas kaligeed haysata? Su'aashu waa gabadhaasi ma faraxsanayd?

Kiristiina intii uu dhiman aabbaheed waxay guursatay nin Maraykan ah. Muddo ayay wada noolaayeen, kadibna way iska furtay. Dhimashadii aabbaheed kadib waxay guursatay nin Giriig ah isagana muddo bilo ah ayay wada noolaayeen, kadibna way iska furtay. Raaditaankii ay ugu jirtay in ay hesho raaxada nolosha, ayaa waxa ay guursatay nin shuuci ah oo Ruush ah. Dad badan iyo saxafiyiin ayaa su'aalo ka wayddiiyay sababta ay ninkan u guursatay waxayna ku jawaabtay: **"Waxaan raadinayaa nolol wanaagsan"** Iyada iyo ninkeeda cusub waxay u guureen dalka ruushka oo ay muddo ku wada noolaayeen, waxayna degganaayeen labo qol oo aad u yar yar, maalin ay suuqa u baxday ayaa dad saxafiyiin ah gartay in ay gabadhan tahay Kiristiina wayna soo daba raaceen ilaa ay ka arkeen meesha ay ku nooshahay, kadib ayay su'aaleen sidee ayay sidani ku dhacday? Waxay ugu jawaabtay: "**Waxaan raadinayaa raaxada nolosha**", muddo sanad ah markii ay wada noolaadeen ayaa ninkii ruushka ahaa isagana ay iska furtay.

Dalka faransiiska ayay u soo guurtay waxayna guursatay nin hanti leh oo Faransiis ah. Iyada oo la joogo xafladdii arooska ayaa rag saxafiyiin ah wayddiiyeen in ay tahay gabadha ugu hantida badan adduunka wakhtigan la joogo?
Waxay ku jawaabtay "**Haa, waan ahay gabadha ugu hantida badan, lakiin ugu dhibta badan.**"

Ninkii faransiiska ahaa markii ay ka wayday farxadda, isagana way iska furtay, intii nolosheeda ka harsanayd, waxay nolosheedu ahayd mid ciriiri ah oo ay ka wayday raaxada nolosha oo ay raadinaysay. Muddo kadibna meydkeedii ayaa laga helay xeebta dalka (Arjantiin) oo way is dishay! Waxa lagu aasay jasiirad ka mid ah jasiiradihii uu lahaa aabbaheed ee ay ka dhaxashay.

Maxay Isku Dilaan?

Wadamada adduunka ugu taajirsan, waxbarashadana ugu sareeya, ayaana ugu badan is dilka! Buuga ugu gadashada badan dalka Ameerika *"best sellers"* waxa ka mid ah buug kawaramaya qaabka la isku dilo iyo siyaabaha ugu fudud qofka naftiisa isku dili lahaa. Waxaan soo booqday dalal ka mid ah Europa oo loo sameeyay meelo gaar ah oo la isku dilo oo ay dawladdu samaysay! Waxaan hubaa in aad maqashay qof isaga oo haysta waxkasta oo uu nolosha uga baahan yahay oo nolosha guulo badan ka gaaray, laakin maalin aad maqashay war naxdin leh "**Wuu is dilay**! Maxaad umalaynaysaa inay ku kallifi karto qof saas ah inuu isdilo? Jawaabtu way fududahay, qofkaas wuxuu lahaa hadafyo waawayn nolosha laakiin wuxuu iloobay hadafkii loo abuuray, isaga iyo in ay ruuxda ku raaxaysato iimaanka iyo cibaadada.

Sidoo kale qofwalba oo ka raadiya raaxada nolasha meel aynaan ahayn midka abuuray farxadda iyo nolosha Allaah, sida lacagta, quruxda, magaca iyo maamuuska, Hotel "5star" in la seexdo, diyaarad "Bussiness class" lagu safro iwm, wuxuu ku noolaanayaa ciriiri, murug, welwel iyo walbahaar, xitaa adduunka oo dhan haddii uu haysto. Alle wuxuu Qur'aanka ku leeyahay: **"Qofkii ka jeedsada xuskeyga (Qur'aanka) waxa u sugnaaday nolol ciriiri ah, waxaana soo kulminaynaa maalinta qiyaame isaga oo arag la' "**.

Nolosha Wanaagsan

Waddada keliyah ee lagu helo farxadda, deggenaanshaha iyo ku raaxaysiga nolosha sida uu leeyahay Allaah: waa Iimaan iyo Camal wanaagsan. Alle wuxuu Qur'aanka ku leeyahay: **"Qofkii camal wanaagsan la yimaadda rag ama haween isaga oo mu'min ah waxaan noolaynaynaa nolol wanaagsan, waxaana ku abaal marinaynaa ajarkooda waxa ugu wanaagsan ee ay samaynayeen"** Allaah wuxuu leeyahay: waxaan ku noolaynaynaa nolol wanaagsan haddii uu la yimaaddo camal wanaagsan isaga oo mu'min ah, waa balanqaad uu balanqaadayo boqorka adduunkan oo dhan iska leh, gacmihiisa ay ku jirto nolosha iyo geerida.

Haddii aadan haysan 1 dollar xitaa Alle wuxuu kuu balanqaadayaa nolol wanaagsan oo raaxo leh, xaalad walba oo aad ku sugantahay, meel walba aad joogtid iyo si walba oo aad tahay. Haddaba waa maxay iimaan? Raaxo iyo macaan sidee ah bay leedahay iimaanka iyo camalka wanaagsan?

Waa Maxay Iimaan?
Iimaan waa in "Carrabka lagu dhawaaqo, qalbiga oo laga rumeeyo iyo xubnaha oo laga sameeyo wixii la rumeeyay" Waxayna ka kooban tahay 6 arrimood:
1. Rumaynta Alle (SWT)
2. Malaaiktiisa
3. Kutubtiisa
4. Rusushiisa
5. Maalinta Aakhiro
6. Qaddarka khayrkiisa iyo sharkiisa.

Macaanka Iimaanka
Bilaal Ibnu Rabaax, Mu'addinka Rasuulka ayaa la wayddiiyay sababta uu ugu adkaystay oo uu ugu sabray iimaankiisa, cadaabta lagu caddibay bannaanka Makka ee kulul? Wuxuu ku jawaabay: **"Waxaan isku daray xanuunka cadaabta iyo macaanka iimaanka, waxa kor noqotay macaanka iimaanka"**. Taas oo macnaheedu yahay, in macaanka iimaanka haddii uu qofka dhab ahaan u dhadhamiyo, inuu wax walba siisanayo.

Sixiroolayaashii Fircoon markii ay macaankii iimaanka heleen waxay ilowsiisay masiibada adduunka xataa in nafta laga qaado.

Nebi Yuusuf gabadhii guriga albaabada u xiratay. Si ay xumaan ula samayso, wuxuu ugu jawaabay: "Illaahay baan kaa magangalay. Wuuka diiday, kadibna xabsiga ayuu ka doortay in uu xumaanta sameeyo, taasina waxa gaarsiisay macaanka iimaanka.

Macaanka Iimaanka waxa laga dareemaa waa qalbiga sida cuntada looga dareemo carrabka. Qofkii dhadhamiya macaanka iimaanka, wuxuu helay jannadii adduunka sidii uu yiri sheikh Ibnu Taymiya markii lagu xiray xabsiga: "Jannadaydu waxay iigu taallaa laabtayda (Qalbiga), cadowgaygu maxay igu samayn karaan? Haddii la i xiro, Allah iyo cibaadadiisa ayaan waqti u helayaa, haddii la i dhoofiyo, waxay ii tahay safar, haddii la i dilo, waa shahiidnimo."

Sideen U Macaansadaa Iimaanka?
Nabiga scw wuxuu leeyahay: 3 shay qofkii ay ku jiraan wuxuu helay macaanka iimaanka:

1. In Ilaahay iyo Rasuulkiisa ahaadaan kuwo uu ka jecelyahay wixii kasoo haray oo dhan.
2. Inuu jeclaado qof uuna u jecelyahay Ilaahay dartiis.
3. Inuu naco inuu dib ugu laabto gaalnimo siduu u neceb yahay in lagu tuuro naar.

Xasan Al Basri wuxuu leeyahay 3 ka raadiya macaanka iimaanka: Salaadda, Digriga iyo Qur'aanka.

Sidoo kale waxyaabaha lagu helo macaanka iimaanka waxa ka mid ah:
4. Alle waydiiso in uu ku siiyo macaanka Iimaanka.
5. Is ka ilaali danbiga sababta oo ah danbiga wuxuu nusqaamiyaa iimaanka.
6. Habeenkii inta aadan seexanin is xisaabi.
7. Ku fakar abuuritaanka Allah cirka iyo cajaaibta dhulka.

RAAXADA SALAADDA

"Ku raaxayso samaynta camallada wanaagsan sababta oo ah, haddii aad ka daasho samaynta camal wanaagsan, daalku wuu dhammanayaa, laakiin camallada wanaagsan way harayaan. Haddii aad ku raaxaysato samaynta xumaanta, farxaddu way baaba'aysaa, waxaana haraya dambiga."

Xilligan aan qorayo qoraalkan waxaan joogaa masjidka Nabiga scw halka uu ku dhihi jiray "Bilaloow noogu raaxee salaadda". Halka uu ku dhihi jiray: Waxaan ku indho qabowsadaa oo farxad, wehel iyo macaan aan ka helaa salaadda, haddii ay murug qabato halka uu u istaagi jiray salaadda, si aan u fahmo sirta ku jirto salaadda!" Raaxo sidee ah ayuu dareemi jiray Nabiga scw? Halkee ayaa laga dareemaa raaxadaas? Sidee ayaa annagana u dareemi karnaa raaxadaas?

Isbuuc markii aan joogay maagalada Madiina masjidka Nabiga scw kadib ayaan fahmay sirta ku jirta salaadda iyo xiriirka ka dhexeeya raaxada iyo salaadda.

Waxaan oggaaday in qofka Ibna aadamka ah uu ka kooban yahay Ruux iyo Jir. Marna lagama yaabo in uu jirku raaxaysto haddii aanan ruuxda raaxaysan ama deggenayn. Halka keli ah laga dareemo farxadda iyo raaxada nolosha dhabta ah waa gudaha ruuxda iyo qalbiga. Midka keli ah abuuray ogna sida uu u shaqeeyo ruuxda waa Allaah. Ma jirto qof aduunka jooga oo ogaan kara arrintaas! Gaalada marwalba waxay Nabiga scw waydiin jireen **Ruuxda** waxa ay tahay iyo sida ay u shaqayso. Alle wuxuu ku yiri: **"Ku dheh Ruuxdu waa Amarka Alle".**

Haddii aad rabtid in aad oggaatid sida uu u shaqeeyo wax, waddada ugu fudud ee aad ku ogaan kartid waa in aad wayddiisid cidda samaysay arrintaas! Tusaale: Hadii aad rabtid in aad ogaatid sida loo isticmaalo taleefanka Iphone ama Samsung, qofka ugu fiican ee aad waydiin karto, waa qofka sameeyay taleefanka.

Marka aan raadiyay waxa ay ku raaxaysato ruuxda waxaan ogaaday cidda keli ah ee ii sheegi kara jawaabtaas in uu yahay midka abuuray Ruuxda iyo dadka oo dhan Allaah. Kadib waxaan ka baaray Qur'aanka & Sunnada waxaan ogaaday in Ruuxda aysan raaxaysanaynin ilaa marka ay u dhawaato midka abuuray Allaah! Marwalba ay ku xiran tahay samada, waa marwalba oo farxaddeeda siyaaddo!

Sidee baan farxad u heli karnaa, haddii aynnaan xiriir la samaynin mulkiilaha farxadda?
Sidee barako ugu heli karnaa maalkeena & carruurteena haddii aynnaan adeecin mulkiilihi barakada awaamiirtiisii?
Sidee u guulaysan karnaa haddii aynnaan masjidka aadin marka aan maqalno "**U kaalaya Guusha**"?

Haddii aad rabto guul iyo farxad adduun iyo aakhiraba.
Haddii aad xanuunsan tahay ama dhibaataysan tahay.
Haddii aad ku jirto duruuf qalafsan xalna aadan hayn.
Haddii shaki kugu jiro, rajadana kaa xun tahay
Haddii Jihada kaa qaldan tahay.

Wax kaste oo aad samayso, meel kaste oo aad joogto, xaalad kaste oo aad ku sugan tahay salaadda u istaag oo xiriir la samee midka gacmihiisa waxwalba ay ku jiraan! Marnaba salaadda ha ka tegin meel kaste oo aad joogto.

Jannada Adduunka

Adduunka waxa ku yaalla janno, qofka aan gelin jannada adduunka ma galo jannada aakhiro. Jannada adduunka waa jacaylka Alle. Waa ku toosnaanta diinta. Waa sujuudda. Waa kategidda xumaanta. Waa Qur'aanka iyo Sunnada. Waa ducada. Waa in aad caawisid dadka. Allaah wuxuu leeyahay: "**Ruuxii ka baqa Allaah hor istaaggiisa waxa u sugnaatay labo janno.**" Waa adduunka oo jano lagu nooleeyo inta uusan aadin jannada dhabta ah ee aaqiro.

Malik Ibn Diinaar wuxuu yiri: "Waa masaakiin ahlu dunyaa, waxay katageen adduunka, iyaga oo aanan dhadhaminin waxa ugu macaan adduunka" Waxaa la waydiiyay; waa maxay waxa ugu macaan adduunka? Wuxuu dhahay: "Waa garashada Allaah iyo jacaylkiisa".

Jannadaas iyo macaankaas waxaa dareemay waa Nabiga. Caa'isha waxa ay tiri: "Nabiga scw wuxuu ahaa mid u istaaga salaatul leyl ilaa ay caguhu ka dildillaacaan. Waxaan ku dhahay maxaad sidaa u samaynaysaa nebi Alloow, adiga oo laguu dhaafay dambigaagii mid hore iyo mid dambeba? Markaas buu yiri: "**Miyaanan noqonayn addoon Alle ku mahadiya**". Dhammaan danbiyadiisa waala dhaafay, haddana habeenkii oo dhan wuxuu u taaganyahay waa salaatul leyl, sababta oo ah macaanka nolosha oo dhan halkaas ayuu ka dhadhamin jiray. Salaadda ayuu ku raaxaysan jiray xabibkeena Muxammed scw.

Macaanka Salaadda

Labo saxaabi oo mid yahay Muhaajir midka kalena Ansaari, ayaa Nabiga scw, wuxuu u xilsaaray in ay ilaaliyaan Nabiga iyo saxaabadiisa, kadib waxay ku ballameen marba mid in uu seexdo midka kalena uu soo jeedo.

Markaas midka Muhaajirka ah oo jiifa ayaa saxaabigii kale salaad bilaabay. Waxa meesha agteeda yimid nin gaal ah, wuxuu arkay muslimiinta dhan oo jiifa, ninkaas oo kaliyah kasoo jeedo. Wuxuu is dhahay fursad ayaad ku heshay. Markaas kadib gamuun (leeb) ayuu so baxsaday leebkii koowaad ayuu ku dhuftay saxaabigii tukanayey. Saxaabigii salaaddiisii ayuu sii watay. Kadibna ninkii gaalka ahaa mid labaad ayuu ku dhuftay saxaabigii. Haddana salaaddiisa ayuu sii watay. Mid saddexaad ayuu haddana ku gamay, saxaabigii ayaa rukuucay oona sujuuday. Ninkii gaalka ahaa wuxuu is dhahay ninkan xanuun ayuu dareemay wuuna dhimanayaa, markaas ayuu meesha kasii orday.

Saxaabigii jiifay ayaa wax dareemay oo dhiig saxaabigii taagnaa ka daadanayay. Saxabigii jiifay markii uu arkay ninkan oo dhiig ka daadanayo ayaa wuxuu yiiri Subxanalaah, maxaad ii kicin wayday gamuunka koowaad markii uu kugu dhacay? Wuxuu ugu jawaabay ma taqaanaa? Hadal ka awood badan buuraha, wuxuu yiri: **"Salaad ayaan ku jiray oo Suurad Qu'aanka ka mid ah ayaan aqrinayay waxaan diiday in ay iikala go'do"**.

Yaa Allaah! Waa maxay dareenka uu dareemayay marka uu salaadda ku jiray oo ilowsiisay xanuunka? wuxuu ku raaxaysanayay waa salaadda! Miyaa laga helayaa adduunkan macaan iyo raaxo sidan oo kale ah?!

Sidee ugu raaxaysataa Salaadda?

1. **U diyaar garow Salaadda:** Ka hor inta aadan salaadda bilaawin, xiro dhar qurux badan oo carafsan, kahorna tuko sunnooyin.

2. **Iska fogee wax kasta oo ku mashquulin kara ama ku dhibi kara sida:** Ha tukanin adiga oo hortaada ay yalaan wax ku howliya oo leh sawirro. Ha tukanin adiga oo maqlaya wax ku howliya oo leh codad. Ha tukanin adiga oo baahan, ama lagu hor keenay cunto iyo cabbitaan. Ha tukanin salaadda adiga oo u baahan suuli ama musqusha. Waxaas oo dhan ujeeddada ka dambaysa waa inuu qalbiga saafi noqdo, qofka tukanaya oo ku mashquulsanaado salaaddiisa iyo la kulanka Alle.

3. **Xusuuso weynida Allaah ee aad hor istaagayso:** Xusuusnoow weynida Allaah, in aad la hor istaagayso boqorka abuuray dhulka iyo cirka, midka ay wax waliba gacmihiisa ku jiraan, Alle naxariis badan, Alle maqlaya una jeeda oo kaa aqbalayo ducada. Xusuusnoow waxa Allaah u diyaariyay mu'miniinta aakhirada, raali ahaansho iyo Jannah!

4. **Ku xasilidda salaadda:** Qofka aan ku xasilin salaaddiisa suurta gal uma ahan in uu khushuuco kuna raaxaysto salaaddiisa, sababta oo ah degdegsiinyada waxay la tagtaa khushuuca, waxa lagu waayaa ajarka! Nabiga scw wuxuu ku xasili jirey rukuucdiisa iyo sujuuddiisa, wuxuuna amray kii aan wanaajin salaadda inuu ku xasilo dhammaan falalka salaadda, wuxuu reebay degdegga.

5. **Fahan micnaha aayadaha aad akhrinayso iyo ducooyinka kale ee salaadda:** Qur'aanka waxa loo soo dejiyey in la fahmo, loo fiirsado. Alle wuxuu qur'aanka ku leeyahay: **"(Kani) waa Kitaab barakeysan aan kuu soo waxyoonay (Nabi Muxammadow) si ay uga fiirsadaan Aayadihiisa iyo si ay kuwa wax garadka ah**

u **xusuustaan.**". Mana lagu raaxaysan karo haddii aan la fahmaynin macnaha waxa la akhrinayo oo leh aayado iyo ducooyin.

Is weydii su'aalahan si aad ugu raaxaysatid maanta salaaddaada:

1. 5ta arrimmood aan sheegay mala imaddaa salaaddaada?
2. Maku qushuucday maanta salaadda?
3. Haddii aadan ku qushuucin maanta salaadda waa maxay sababta keentay in aad ku qushuuci wayday?
4. Maxaad samaynaysaa marka kale si aad ugu qushuucdo salaadda?

DEGGANAANSHAHA QALBIGA

Lena Larsen waxay inbadan ku mashquulsanayd in ay raadiso meel ay nafteedu ku xasisho oo ay ka hesho degganaansho iyo raaxo aan dhamaaneynin. Waxa ay ku noolayd nolol ciriiri ah oo aan haba yaraatee wax farxad ah lahayn. Meel kasta iyo goor kasta waxa ay raadinaysay nolol dhaanta midka ay ku jirtay oo markaasi ahayd nolol walbahaar iyo ciriiri nafsaani ah. Waxa ay ku noolayd waddanka Norway oo ay asal ahaan ka soo jeeddo. Muddo badan ayay aadi jirtay dhakhaatiirta cilmiga nafsiga ah si ay daawo u helaan nolosheeda. Waxba iskama baddeli jirin wax kasta oo daawo iyo talo ah oo ay siinayeen dhakhaatiirteeda gaarka ah.

Lena oo wax laga wayddiiyay wakhtigaas sida ay ugu qanacday diinta islaamka ayaa ku jawaabtay: "haweenay aan deris ahayn ayaa waxa ay ka shaqayn jirtay arrimaha gargaarka dadka. Aad bay u faraxsanayd.

Waxa ay wakhtigeeda ku qaadan jirtay arrimaha bulshada ah gaar ahaan jaaliyadda islaamka ee Norway. Waxaan la yaabi jiray xiriirka wanaagsan ee ay bulshada la leedahay. Waxaan ku dhahay maalin maalmaha ka mid ah: waa maxay waxa kugu qasbaya in aad ficilladan khayrka ah ka shaqayso? Waxa ay iigu jawaabtay: diintayda ayaa igu waanisay in aan sidan sameeyo. Intaa kadib ayaan go'aan ku gaaray in aan barto oo aan baaritaan ku sameeyo islaamka.

Waxaan ku dhawaaqay in aan rumeeyey Allah iyo rasuulkiisa. Waxaan bartay oo aan si wanaagsan u diyaariyay qur'aanka kariimka ah. Waxaan badiyay Xuska Alle. **"Waxaan helay xasillooni iyo nolol macaan oo aanan weligay helin, intii ka horraysay"**.

Lena waxa ay nolosheedii ku dambaysay in ay ku waarto nolol tan ugu macaan uguna degganaansho badan. Waxa ay wakhtigan ku nooshahay waddanka Norwey waana gabar daaci ah oo diinta islaamka faafisa.

Xuska Alle

Qof walba raadinaya degganaansho iyo raaxo nafsiyadeed oo aannan dhammaanaynin waxa lagu helaa waa Xuska Allaah, sida uu Alle Qur'aankiisa ku leeyahay: **"Kuwa rumeeyay xaqa kuna xasishay quluubtoodu xuska Alle, xuska Alle ayay ku xasishaa quluubtu"**.

Xuska Alle ayaa Quluubta ku xasishaa, badi dikriga Allaah si uu qalbigaaga u dego, nafsadaada u faraxdo, waa furaha farxada ee Alle na siiyay! Marwalba aad xusaysid Allaah oo aad ammaanaysid oo aad dhehaysid

- Subhanalaah
- Alxmudilulaah

- laa ilaha illallah
- Allaahu Akbar
- Laa Xawla wa laa quwwata illa billaah
- Xasbunallah wanicmal wakiil
- Subhanallahi wa bixamdihi subxanallahil Cadiim.

Adigana waxa ku xusaya waa boqorrada boqorkooda Allaah. Samada ayaa magacaaga laga sheegayaa. Maxaa ka farxad badan adiga oo aanan waxba ahayn in allaah magacaaga sheego! Midka ku abuuray adiga oo aanan jirin ku siiyay nolol, cunto iyo caafimaad, haddana in uu magacaaga sheego oo malaa'igta kuugu ammaano kuna jeclaado, maxaa kaa maqan haddii uu ku jeclaado midka wax walba gacmihiisa ay ku jirto, markaas ayaad waxwalba haysataa adduunka iyo aaqiro waxaad ku noolaanaysaa Jannah. Alle wuxuu leeyahay: **"Ragga inbadan Allaah xusa iyo haweenka inbadan xusa, wuxuu Alle u diyaariyay dambi dhaaf iyo ajir weyn"**.

Nabiga scw wuxuu leeyahay: **"Ma idiin sheegaa camaladiina kan ugu khayr badan, uguna udgoonka badan boqorkiina agtiisa, uguna sarayn badan darajooyinkiina, idiin-kana khayr badan inaad sadaqaysataan dahab iyo qalin (lacag), kana sii khayr badan jihaadka?** Waxay dhaheen: **Haa noo sheeg.** Waxa uu yiri Nabiga scw: **"Waa xusidda Allaah."**

Qofka hela raaxada nolosha waa qof qalbigiisa ka buuxa digriga Alle iyo xuskiisa oo marwalba kaalmaysta. Sida aad u egtahay, meesha aad joogto iyo hantida aad haysato ma ahan mid go'aamisa farxadda & ku raaxaysiga nolosha. Raaxada nolosha kama timaado bannaanka, laakiin waa mid ka soo baxda qalbiga, waxa keliyah ee qalbigu ku xasilo waa dikriga Alle. Markaas ayuu noqonayaa qalbigaagu mid nool.

Haddaba billoow xuska Alle. Maxaa ka qurux badan adiga oo aqrinaya buuggan oo haddana xusaya Allaah!

Ku Qurxi Noloshaada Camalladan Wanaagsan:

Ku dedaal in aad joogtayso samaynta camallo iyo ficillo wanaagsan, ilaa ay dabeecad kuu noqoto. Hal camal oo wanaagsan wuxuu kugu hoggaamiyaa mid kale oo wanaagsan:

- Ku billow wax kasta Bismillaah.
- Ku shugri Nimcooyinka Alle ku siiyay.
- Ka toobad keen xumaan iyo dembi kasta.
- Ku dayo Nebi Maxamed isaga ayaa ah hoggaamiyihii farxadda.
- U caabud Alle sidii in aad arkayso.
- U noolow noloshaada sidii in maalin kasta ay tahay Ramadaan.
- Bixi sadaqada haba yaraatee, waxay farxad gelisaa qalbiga.
- Qur'aanka dhegayso oo ku raaxayso.
- Rajee Khayr mar kasta.
- Hagaaji Qalbigaaga, iska cafi qofkii ku xumeeya.
- Qofkii ku xanta iska saamax, ajarkiisii ayuu bilaash kugu siiyay.
- La jecloow waxa aad jeceshahay muslimiinta.
- Khayr ku hadal ama iska aamus.
- Badi ducada marwalba.
- Qofka hindhisa u ducee.

Nolosha waa maalmo kooban, raaxadana nafta waa u muhiim, sidoo kale nolol fiican waxaa saldhig u ah diinta islaamka fahankeeda. Nolol waa diin

3

RAAXADA MASKAXDA

Inta aad nooshahay waxa ugu weyn oo farxad
ama murug ku dareensiiya waa sida aad u fikirayso.
Xaaladdeena nololeed waxaa abuuray
waa sida aan u fikirayno.

MA FARAXSANTAHAY?

Waxa lagu siiyay nolol, laguma siin nolol fiican ama nolol xun. Maalinta ugu wanaagsan noloshaada; waa maalinta aad ogaatid in aad adiga 100% mas'uul ka tahay noloshaada iyo farxaddaada.

Miyaad faraxsantahay? Ma ku qanacsantahay waxkasta oo aad haysato noloshaada? Miyaanad rabin inaad haysato wax ka badan inta aad haysato? Jawaabta waa HAA waad rabtaa! Waxaan hubaa inay jiraan waxyaabo badan oo dhib kugu haya ama aad rejaynayso inaad hesho. Balse su'aashu waxay tahay yaa ka masuul ah waxkasta oo kugu dhacaya noloshaada? Jawaabta waa mid fudud: **Adiga**. Haa, adiga ayaa ka kadambeeya waxkasta oo ka dhacaya noloshaada.

Maalinta ugu wanaagsan noloshaada waa maalinta aad oggaatid in aad adiga 100% mas'uul ka tahay noloshaada. Aad iska joojisid cudurdaar iyo cabasho. Ciladna u raadin wax kasto. Adiga keliyah ayaa ka mas'uul ah inaad wanaagga ku raaxaysatid ama waddo qaldan raacdid kadib na murugootid.

Haddii aad u fikirto inaad tahay qof nolosha waxba qaban karin maskaxdaada waxay aamini doontaa arrintaas, waxaadna isku qancin doontaa in aad waxba ka qaban karin waxkasta oo kugu dhacaya noloshaada. Lakiin haddii aad u fikirto in aad ka mas'uul tahay waxkasta oo kugu dhacaya noloshaada, maskaxdaada waxay bilaabi doontaa inay aqbasho in aad waxbadan beddali karto. Marka aan badanaa qof u sheego inuu ka mas'uul yahay dhammaan waxa ku dhacaya noloshiisa, wuxuu ku jawaabaa **"Maya, Illaahay baa ii qoray waxa aan ku suganahay."** Anigana waxaan ugu jawaabaa:

Marka aad rabtid in aad heshid carruur maxaad samaysaa? Miyaadan raadin qof aad is guursataan? Maxaad u dhihi waysay Illaahaybaa carruurta bixiya isaga ayaana ka sugayaa? Sababta oo ah waxaad ogtahay in Allah wax walba sabab u yeelay, marka aad la imaadid asbaabta in aad helaysid carruur, waxa lagu siiyay doorasho in aad guursatid ama aadan guursan. Doorasho walbana waxaa ka dhalanaya natiijad.

Adiga ayaa dooran kara in aad ka dhigato nolashaada mid fiican ama mid xun, haddii aad wanaaga badiso, ajar shaqaysato waxaad ku noolaanaysaa nolol macaan badan ama in aad dembi iyo xumaan samayso maalin kasta oo nolol ciriiri ah ku noolaatid. Adiga ayaa dooran kara in aad subaxdii xili hore hurdada ka kacdo oo u dhaqaaqdo rumaynta riyadaada & in aad iska sii hurudo oo riyooto.

Nolosha ma jirto cid ama qof aad ku eedayn karto xaaladda aad ku jirto. Waa adiga qofka gacantaada ku kasbaday. Waa adiga qofka sameeyay doorasho qalad ah. Waa adiga qofka qaatay go'aan xun. Waa adiga qofka runta ka cararay, waa adiga qofka mas'uuliyaddiisa aan gudan. Sidoo kale, waa adiga qofka isbeddelka samayn kara. Haddaba, jooji in aad ku eedayso dadka kale xaaladda aad ku sugan tahay. Aqbal mas'uuliyadda ficilladaada. Qaado lahaanshaha natiijada ka dhalatay qaladkaaga.

Saacaddu way socotaa. Waqtigu wuu ordayaa.
Waqti sax ah oo kuu imanaya ma jiro.
Noloshu waa doorasho. Samee doorasho sax ah.
Wax kasta oo noloshaada ah waa falcelis (Jawaab)
doorasho aad adiga samaysay.

Is wayddii su'aalahan

1. Ma ku faraxsan tahay noloshaada?
2. Gorma ayay ahayd maalintii kuugu farxadbadnayd nolashaada?
3. Waa maxay waxyaabaha ku farxad geliya?
4. Miyaad ku nooshahay nolosha aad jeclayd inaad ku noolaato?
5. Haddii aadan ku noolayn, waa maxay waxyaabaha kaa hortaagan?
6. Waa maxay waxyaabaha aad samayn karto si aad uga hortagtid arrintaas?
7. Qor dhammaan waxyaabaha aad rabtid in aad gaartid nolashaada??

Marka aad ka jawaabto su'aalahan waxaa kuu soo bixi doona liis ah "**Waxa dhab ahaan ku farxad geliya**" Iyo "**Waxyaalaha aad doonayso inaad ka fogaato**" ee aanad rabin. Isticmaal labada liis ee kuu soo baxa, si aad u samayso hadafyo kaa caawinaya in aad gaartid ku raaxaysiga nolosha.

Waxa tusaale u ah: haddii aad ogaato in ay ku haysato dhib ah dhaqaale xumo iyo lacag la'aan, sidoo kalena aad rabto in aad farxad ku noolaatid. Waxaad heshay laba hadaf oo aad gaarto noloshaada. midda koobaad, waxaad go'aansatay inaad ka fogaato faqriga oo aad taajir noqoto, kan labaadna waa in aad farxad ku noolaatid.

Ha sugin in ay wax isbeddalaan, haddii aadan adiga wax beddelin. Baddel dhammaan waxyaabaha aanad ku faraxsanayn, halka aad ka sugi lahayd inta ay duruufuhu isbaddalayaan.

61

Dadka u haysta in ay nolashooda is baddelayso, iyaga oo aan go'aasan in ay wax ka baddelaan, waxay ka hor imanayaan hadalkii Alle oo ah **"Allaah ma baddelo dad ilaa ay ayaga naftooda baddelaan"**

Waxyaabaha aad u baahantahay si aad u gaarto dhammaan hadafyadaada nolosha waa:

WADOOYINKA LOO MARO GUUSHA

HADAF ⟩ GO'AAN ⟩ RUMEYN ⟩ QORSHO ⟩ FICIL ⟩ ADKEYSI ⟩ ISKAASHI ⟩ HAKA CABSAN GUULDARO → GUUL

1. **Hadaf:** Marka aad samaysato hadafyo waxay noloshaada noqonaysaa mid dhadhan leh, tartan leh, oo farxad leh, dhacdooyin badanna ay ka buuxaan oo ku dhiirigalisa. Cilmi baaris la sameeyay ayaa waxa lagu oggaaday in dadka leh hadafyo isla markaas u dagaalama hadafyadoodu, ay ka farxad badan yihiin kuwa aan lahayn wax hadafyo ah.

Inaad oggaato hadafyadaada iyo waxa aad rabto noloshu waa mid aad u fudud, marka aad oggaato waxa aadan rabin nolosha ee jeclaan lahayd in aad beddasho. Haddii aad tahay qof badanaa istarees iyo war-war badan waxaa dhaba inaad rabto inaad ku noolaato nolol bilaa stress ah.

Albert Eistein wuxuu yiri: **"Haddii aad doonayso in aad nolol farxad leh ku noolaato, noloshaada ku xir himilo iyo yool oo ha ku xirin shakhsiyaad iyo wax kale".**

62

Noloshaada markaad macno u yeesho
ayay macaan yeelataa!

2. **Go'aan dhab ah la imoow:** Dhammaan dadkii noloshan guul ka gaaray waxa ay ahaayeen kuwo ku adag waxa ay rabaan kuna qanacsan fikirkooda nololeed. Xusuuso dhacdadii cajiibka ahayd ee Nabiga scw marka lagu dhahay: Iska dhaaf waxaan aad waddid aan ku siinno waxaad rabto sida madaxtinimo, xoolo, haween qurxoon; markaas ayuu ugu jawaabay: **"Wallaahi haddii dayaxa iyo cadceedda midba gacan la ii saaro in aanan ka tegayn waxa aan ku taaganahay"**.

3. **Rumayn:** Awooddaada waa waxa aad aminsantahay. Haddii aad aaminsantahay in aad himiladaada gaari karto waa runtaa oo waad gaari kartaa. Haddii aad aaminsantahay in aadan gaari karin waa runtaa oo ma gaari kartid. Sababta oo ah labadaba adiga ayaa is xukmiyay. Waxaad aamintaa in aad samayn karto!

"Si aynnu u guulaysanno ugu horrayn waa in aynnu
aaminnaa in aynnu guulaysan karno."
Nikos Kazantzakis

4. **La imow qorshe nidaamsan oo qoran:** Marka aad rabtid in aad samayso hawl, waxa muhiim ah in aad qorshaysatid sida aad u samayn lahayd iyo wakhtiga aad ku samayn lahayd hawshaada. Warqad ku dulqor, dhammaan qorshahaaga si nidaamsan. Tusaale: haddii uu yahay waxa aad doonayso, in aad 10 sano gudahood ku gaarto.

- Qor qorshaha tobanka sano ee soo socda ee aad ku gaarayso halka aad doonayso.

- Kadibna ku xeji 5 sano ee soo socota waxa aad doonayso in aad xaqiijiso ee u adeegaya hadafkaagaa guud.

- Kadibna qor qorshahaaga sanadlaha ah. Kadibna midka lix bilood, illaa aad kasoo gaarto saacadda aad hadda joogto iyo waxa ay tahay inaad qabato ee uu kuu sii dhawaynaya hadafkaaga fog. Daraasaad aad u fara badan baa waxay tilmaamayaan wixii aan la qorin ee aan la qorshayn in aanan inta badan qofka u qabsoomin.

"Haddii aad ku guuldarraysato in aad qorshe samaysato waxaad qorshaysatay guuldarro."

5. **La imoow Ficil:** Waxa keliyah ee u dhexeeya hadafkaaga iyo in ay rumowdo waa in aad ficil la timaadid, hadaf aanan ficil lahayn waa geed aanan waxba so saaraynin. Marna ha sugin in ay kuu timaaddo guusha, haddii aadan dhaqaaq la imaanin. Marka aan dadaalno ayaa illaahay inoo fududeeyaa, waxaan ku dadaalnay!

6. **Adkaysi iyo sabar badan:** Ma jirto qof hal maalin ku gaaray nolosha uu gaaray, laakiin qof kasta wuxuu huray wakhti dheer isaga oo muujiyay samir iyo dulqaad xad dhaaf ah. Guusha waxay u baahantahay adkaysi badan. Adkaysiga waa in aadan waxba u oggolaan inay kaa hor istaagaan waxaad doonayso inaad qabato marka aad bilawdo illaa ay noqoto wax xaqiiq ah.

7. **Is kaashi:** Dadka guulaysta waxa ay si fiican u kaashadaan oo ula tashadaan dadka ku xeeran sida xaasaskooda, saaxiibbadood iyo dadka ay hiigsanayaan.

8. **Ha ka cabsan guuldarro:** Guuldarrada waa casharka ugu muhiimsan ee lagu barto wadada loo maro guusha, sababta oo ah marka aad guuldarraysato waxaad baranaysaa khaladkii aad ku guuldarraysatay, kadibna qorshe cusub ayaad la imaanaysaa taas oo guul ku gaarsiinaysa. Guuldarrada ayaa ku baraysa waddada aad ku guulaysan lahayd. Guuldarradu ma aha in aad kuftid, balse waa in aad diidid in aad kor u kacdid.

Henry Ford, wuxuu noloshiisa ka bilaabay meel hoosaysa in ka badan shan mar wuxuu sheegay in uu guuldarraystay. Dadaal iyo isaga oo aan is dhiibin ayuu ku gaaray inuu yeesho shirkadda gawaarida ugu fiican adduunka ee FORD soona saarta malaayiin baabuur ah sannad kasta. Wuxuuna guuldarrada ka dhahay: **"Guuldarradu waa keliyaata fursad labaad si aad mar labaad u bilawdid, balse markan xariifnimo dheeraad ah ayaa lagaa rabaa."**

Sababta aad ugu raaxaysan wayday noloshaada waa natiijad ka dhalatay qaabka liita ee aad u isticmaalayso waxyaabaha uu Illaahay kuugu deeqay.

WAAN FARAXSANAHAY

Saadi Shiraz oo ahaa gabayaa caan ahaa waxa uu yiri:
"Marnaba kama aanan murugoon nolosha iyo
dhibaatooyinkeeda, markii laga reebo hal maalin oo aan
soconayay aniga oo kabo la'aan ah. Kadibna waxa aan
arkay joog kabo ah, waxaan awoodi waayay in aan
iibsado, markii aan gudaha u galay masjidkii waynaa ee
Kuufah waxaan dareemay qalbi xanuun iyo murugo
waayo **"Waxaan u' ooynaayay in aanan haysan kabo
balse waxa aan arkay nin aanba lugo lahayn"**

Qofka waxa uu dareemaa nimcooyinka faraha
badan ee illaahay uu siiyay kadib markii uu waayo.
Tusaale: marka aad xanuunsato ayaad dareemeysaa
qiimaha ay leedahay caafimaadka. Inta Alle ku siiyay ku
raaxayso inta aadan waynin, boqollaal qof ayaa jiro waxa
aad heysatid jeclaan lahaa in ay heystaan.

Sheekh Ibnu Sammaak ayaa mar booqday nin boqor
ahaa. Markii uu la kulmay boqorkii waa uu salaamay, isla
xilligaana ninkii boqorka ahaa waxa uu gacanta ku
haystay koob biyo ah. Intaa kadib ninkii boqorka ahaa
waxa uu ku yiri sheekhii: "Sheekhow bal waxa aad i siisaa
talo" Kadibna Sheekhii wuxuu ku yiri boqorkii "Ka soo
qaad koobkan biyaha ah ee aad gacanta ku hayso isaga oo
kaliya haddii uu kuu goyn lahaa boqortooyadaada
dhammaanteed iyo waxa aad hanti leedahay, kadibna
waxa kaliya ee aad haysato waa in aad kala doorataa:

1 In aad harraad u geeriyooto oo aad koobka biyaha ku
   baddelato boqortooyo.
2 Amaba in aad boqortooyadaada iska bixiso si aad
   naftaada ubadbaadiso, Haddaba labadan xaaladood
   keebaad adigu dooran lahayd?

66

Ninkii boqorka ahaa waxa uu ku jawaabay "Dabcan koobka biyaha ayaan ka dooran lahaa boqortooyadayda dhammaanteed." Kadib Sheekhii waxa uu ku yiri boqorkii "Haddaba, aniga waxaan fahmi la'ahay maxuu qofku wakhtigiisa ugu luminayaa inuu helo farxadda yar ee taajirnimada ah haddiiba hal koob oo biya ah uu ka qiima badan yahay hantidiisa oo dhan."

Ka faker waxa aad haysatid inta aadan ka fakerin
waxyaabaha kaa maqan!

Qofka adduunka ugu hantida badan haddii la isku barbardhigo hantidiisa iyo caafimaadkiisa waxa uu dooran lahaa caafimaadkiisa. Waxa uu dooran lahaa si uu unoolaado inuu ku bixiyo hantidii uu noolashiisa oo dhan uu tabcayay, balse waxa muhiim ah in aan ogaano caafimaadku in aan lagu iibsan karin maal adduun balse waa wax uu bixiyo Allaah. Dad ayaa diyaar u ah in ay 1milyan dollar u bixiyaan si ay u helaan isha aad ku aqrinaysid qoraalkan! Haddii aad haysatid caafimaad waxaad ka nasiibbadan tahay in kabadan 1.000.000 qof oo aanan 1 isbuuc inkabadan noolaan karin xanuun daraadiisa!

Haddaba ha ku dhuminin waqtigaaga tirinta dhibaatada, yaysan kuu muuqan keliya waxyaabaha aadan heysan, xusuuso oo ku mahadceli nimcooyinka Alle ku siiyay. Dadka faraxsan ma haystaan wax walba, laakiin waxay ku qanacsanyihiin oo raali ku yihiin wax walba oo ay haystaan. Qanaacadu waa in uu qofka ku raali noqdo wixii illaahay siiyay: Qurux, carruur, guri, lacag, shaqo iyo wixii la mid ah. Qanaacadu waa raaxada nafta, waa ciso iyo sharaf.

Qofka marna kuma raaxaysan karo noloshiisa haddii uusan raali ku ahayn waxa Alle uu siiyay. Nabiga scw wuxuu leeyahay: **"Waa liibaanay, Qof islaamay, oo in ku filan oo aan ka yarayn kana badnayn lagu irsaaqay, wuxuu illaahay siiyayna ku qancay"**. Wuu liibaanay buu Nabiga scw leeyahay qofkii ku qanca raali ku noqda inta Alle siiyay. Mu'minka dhabta ahna waa kan rumaysan in wixii illaahay uu u qoray aysan cidkale qaadanaynin, islamarkaasna uu illaahay xikmaddiisa ugu qaybiyo si caddaalad ku jirto.

Ku raaxaysiga nolosha kuma yimaaddaan lacag badan aad uruursato iyo meel gaar ah aad ku noolaato. Hab nololeed sare ayaad ku yeelan kartaa waxa aad heysato iyo halka aad joogto.

Xadiis kale wuxuu Nabiga scw leeyahay: **"Wuxuu ilaahay ku siiyo ku raalli noqo, dadka adaa ugu hodonsanaanaya"**. Dad badan ayaa jira haysta lacag aad u badan, haddana aan faraxsanayn, sababta oo ah kuma qanacsano inta ay haystaan, in yar oo Alle ku siiyay ayaad ku raaxaysan kartaa nolashaada haddii aad ku raali noqotid. Muslimiintii adduunka macalimiinta u noqday dhan walba, qaar ayaan cuntada maalintaa heli jirin, qaar ayaa hal dhar lahaa, qaar ayaan guri lahayn, haddana cilmi adduunka ka tegay. Waxay dhihi jireen **"Haddii raaxada iyo farxadda aan haysano ay ogaan lahaayeen boqorrada ugu awoodda badan dunidu, waxay isku deyi lahaayeen xoog iyo awood in ay igaga qaataan"**.

Waa maxay waxa ay ku raaxaysan jireen iyaga oo aan haysan guri iyo lacag? Waxay ku raaxaysan jireen oo raali ku ahayeen qadarta Alle, inta Alle siiyay ayay raali ku noqdeen kadibna Alle wuxuu siiyay raaxo laga dareemo dhanka qalbiga!

Miyaadan aqrinaynin xadiiska Nabiga scw uu leeyahay: "Waxa la yaab ah arrinka qofka Mu'minka ah, arrimihiisa oo dhan waa khayr, waxay gooni u tahay ruuxa Mu'minka oo keli ah, haddii uu la kulmo wax wanaagsan wuu farxaa oo wuu ku mahadnaqaa. Haddii dhibaato ku dhacdana wuu ku sabraa, waxayna u noqotaa khayr".

Noloshana kuma siinayso waxwalba oo aad jeceshahay, laakin qanaacada ayaa kaa dhigaysa in aad jeclaatid ku faraxdid waxwalbo aad heysatid.

Sida aan ognahay bani'aadamka wuxuu marwalba u arkaa farxaddu in ay ku jirto waxa uusan haysanin, marka uu helana meel kasii sareysa ayuu sii raadiyaa, weligiisana raaxada nolasha ma helayo.

Sida uu inoo sheegay Nabiga scw mar uu ka hadlayay qanaacada dadka wuxuu yiri **"Haddii bini'aadamka lasiin lahaa laba waadi ama tog oo dahab ah, wuxuu raadin lahaa mid saddexaad bini'aadankana afkiisa waxaa buuxiya ciidda oo keli ah"** taas waxay ku tusinaysaa in qofka aysan marnaba dhammaanayn dooniistiisa iyo rabitaankiisa ilaa geerida ku timaaddo.

Tusaale ahaan haddii aad ku shaqayso $200 waxaad raadinaysaa in lagaaga dhigo $300 marna kuma raaxaysanaysid $200 aad ku shaqayso, sababta oo ah marwalba waxaad ka fakereysaa waxyaabaha kaa maqan, marna kama fakereysid inta aad haysatid, waxaad u arkaysaa in hadaad heshid $300 bishii farxadaada ay siyaadayso, laakiin marka aad $300 heshidna, $400 ayaad sii raabtaa.

Waxba kama qaldana qofka inuu ku riyoodo nolol sare oo raaxo badan waxa u baahan in la iska ilaaliyo waa in aysan waxyaabahaas noqon dhuuninimo, islamarkaasna qofka dhaxalsiinaysa mararka qaar in uu gaysto dil ama inta qofka wuxuu haysto laga soo qaado uu isagu isla jeclaado in uu helo, tusaale ahaan hadii aan soo qaadano qiso kitaabta Adabka qaybtood qoraan oo ahayd:

Saddex nin ayaa isa soo raacay iyaga oo waddadii socda ayaa waxay heleen kansi ama xoola aad u badan, kadibna waxay dhaheen aan qaybsano si isku mid ah, kadibna iyaga oo waddadii haya ayay gaajoodeen kadibna mid ayay ku dhaheen raashin magaaladii innooga doon cidna ha u sheegin, arrinka ka qari yaan layna arag si aan la inoo damcin. Markii uu tegay ayuu damac galay oo uu yiri si aad adi xoolaha kaliga uqaadato raashinka sun ugu dar iyaga ha cunaan, kadibna saas haku dhintaan raashinkuna adi kaligaa hakuu soo haro, raashinkii buu sun kasoo buuxiyay kadibna soo qaaday. Intii uu maqnaa ayay labadii kalena waxay yiraahdeen ninkan innaga maqan aan ka takhalusno labadeena ha innoo soo haraan xoolaha, sidaas ayay ku hishiiyeen. Ninkii markii uu yimaadayna, way dileen ileen waa niman horay ugu tashaday, kadibna waxay dhaheen aan nasano raashinkii bay cuneen iyagiina way ku dhinteen. Waxa arrinta halkaas gaarsiiyayna waa damac iyo xasad.

Qanaacadda waxay leedahay faa'iidooyin badan oo ka mid ah, inuu ahaado qofka mid marwalba u mahadnaqa illaahay fadliga uu ugu deeqay, haddii ay tahay caafimaad, carruur, maal, qurux iwm. Qanaacadu waxay sabab utahay in laguu barakeeyo wixii illaahay ku siiyay islamarkaasna qanaacadu waxay leedahay raaxo nafsiyan ah. Illaahay ayaa bixiya qanaacada, innaguna

waa inaan ku dadaalno sidii aan u noqon lahayn dad ku
raali ah nimcooyinka tirada badan ee illaahay ina siiyay
oo ay ugu horayso islaamnimada, caafimaadka,
dhammaystirka lixdalaxaad, caqliga, aqoonta iyo kuwo
kale oo badan. Sida uu Illaahay qur'aanka innoogu
sheegay, Haddii la damco in latiriyo nimcooyinka
illaahay inaan la tirin karin" Illaahay ha innaga dhigo
kuwa raali ku ah inta uu siiyay Aamiin.

Noloshu waxay i bartay in qanaacadu tahay xaalad
lagu noqdo in lagu helo nolol dhammaystiran oo farxad
wadata sidoo kale, in ay tahay meesha ugu danbaysa ee
uu qofka ku kasbado kalsooni iyo isku filaansho buuxda.

Fikirka Wanaagsan

Dhinaca aad ka fiirisid ayay maskaxdaada
oggolaanaysaa. Wax wanaagsan ayaa noqon kara wax
xun haddii aad ka eegto dhinaca mugdiga ah. Wax xun
ayaa noqon kara wax fiican haddii aad ka eegto dhinaca
iftiinka ah. Marwalba ka fiiri xaalad walba dhanka
wanaagsan. Maskaxdaada waxa aad ka dhaadhicisid
ayay oggolaanaysaa, haddii aad arrin walba ka fiirisid
dhanka wanaagsan maskaxdaada waxay oggolaanaysaa
in ay arrintaas tahay wanaag, ama haddii aad ka fiirisid
dhanka xun waxay umaleenaysaa in uu arrintaas
wanaagsanayn!

Tusaale: Haddii aad wadato Mercedes ama gaari
raqiis ah, waddadu waa isku mid. Haddii diyaaradda ku
safarto economy class ama business, halka aad u socoto
isma beddelayso. Haddii aad ku seexato sariir qaali ah
ama dhulka aad seexato, hurdo waa hurdo. Waxa kaliya
kala duwan waa dhinaca mid walba aad ka fiirinayso.
Mid inta ugu yar ee uu haysto ayuu ku raaxaysanayaa,
midna isaga oo wax walba haysta ayaanu ku

raaxaysanaynin, sababta oo ah wax kasii badan ayuu rabaa. U fikir si wanaagsan wax kastana ka fiiri dhanka wanaagsan, markastana filo khayr iyo wanaag waad heli doontaa, sababta oo ah Illaahay wuxuu leeyahay: " **Adoonkaygu khayr iyo wanaag hadba kuu iga fishuu iga helaa.**" *Xadiis*

Nimcada Alle

Haddii aad adigu caafimaad haysato, waxa jira malaayiin xanuuno qaba. Haddii aad adigu miyir qabto oo aadan waalnayn, waxa jira kumaankun waalwaalan oo xir xiran. Haddii aad aqrin karto qoraalkan, waxa jira malaayiin aan indho lahayn iyo kuwa aan wax aqriska aqoon iyo kuwa aan iftiin koronto haysan oo mugdiga ku nool. Haddii aad haysato maqal waxa jira malaayiin aan waxna maqlin, jecel maalin uun in ay wax maqlaan. Haddii aad adigu xoolo haysato waxa jira kuwo maalin walba baahi udhinta. Haddii carruur illaahay ku siiyay waxa jira kuwa aan waxbana dhalin, maalin walba ku ducaysta in ay ilmo dhalaan. Haddii aad adiga tahay qof muslim ah waxa dunida kunool boqolaal aan muslim ahayn. Ma dhahday Alhamdulilaah?

Nimcooyinka ugu waaweyn ee Alle innasiiyay ayaa ah maskaxda, oo aanan jirin wax loo dhigo waa mashiinka amra oo kala wada jirka la'aantiisana waxaan noqon lahayn dad waalwaalan oo aan is xakumi karin.
Gacmahaaga maku gadan laheyd 1 Milyan Dollar? Lugahaaga maku gadan lahayd 10 Milyan Dollar? Qalbigaagana maku gadan lahayd 100 Milyan Dollar? Imisa lacag ayaad haysataa oo aadan Alle ooga mahadcelin! Lama soo koobi karo waxa uu Alle na siiyay oo nimcooyin ah. Alle waxa uu qur'aankiisa ku leeyahay: **"Haddii aad isku daydaan in aad tirisaan nimcada Alle, masoo koobi karaysaan"**

Waxaad qortaa nimcooyinka alle ku siiyay ee aad ugu mahadcelinaysid?

_____

_____

_____

Waxa loo baahanyahay in aan mar walba ku shukrino Alle nimcada uu ina siiyay, oo aan mar walba dhahno Alxamdulilaah; "Illaahow adaa nasiiyay ee noo siyaadi" Haddii aad meel ka dhimantahay ha is dhihin meeshaas ayaa kaa maqan ee Alle ku shukri soona xusuuso in dunida ay ku noolyihiin dad adiga kaa liita kun jeer. Kuqanacsanoow oo ku farax waxa Alle uu ku siiyay markaas ayaad noqonaysaa addoon Alle uga mahad celiyay, waxa uu siiyay.

HA IS BARBARDHIGIN

"Ahoow qofka adiga aad tahay. Faraxsanow kuna noolow noloshaada dhabta ah. Waxaa jira sabab uu illaahay kaaga dhigay sida aad tahay, kuu siiyay waxa aad haysato"

Naftaada ha barbar dhigin naf kale. Mushaharkaaga mid kale. Gaarigaaga gaari kale. Mobile-kaaga mid kale. Gurigaaga guri kale. Carruurtaada carruur kale. Jooji isbarbardhiga. Bilow noloshaada. Waxaan hubaa markaas in aad noqonaysid qof ku raaxaysta noloshiisa uguna farxadda badan. Midna ogoow, waxa ugu adag adduunka waa inaad isku daydo inaad noqoto qof kale oo aadan ahayn. Dadka qaar ayaa u dhimanaya inay dhuubtaan si ay ugu ekaadaan kuwa model-ka ah, qaar kale ayaa jecel in miisaan u kordho oo buurtaan. Dad badan ma

73

garanayaan waxa ay samaynayaan, keliya waxay arkeen cid kale oo samaynaysa.

Waxa la jogaa waqtigi aad joojin lahayd arrintaa, kuna farxi lahayd sida aad tahay iyo waxa aad haysato. Is barbar dhigid waa cudur, waxay waxyeelaysaa xiriirka kaala dhexeeya naftaada, kan dadka kale iyo midka ugu muhiimsan xiriirka illaahay, waxay kaa dhigeysaa mid aan ku mahad-celin nimcada illaahay kusiiyay. I aamin, waxa ugu fudud adduunka aad samayn karto waa inaad qofkaa tahay ahaatid. Faraxsanow kuna noolow noloshaada dhabta ah. Waxa jira sabab uu Illaahay kaaga dhigay sida aad tahay, kuu siiyay waxa aad haysato.

"Raalli gelinta dadka waa arrin aan la gaari karin"

Maalin maalmaha kamid ah ayaa waxa suuqa aaday wiil, aabbihiis iyo dameer ay rabeen inay suuqa u iib geeyaan. Iyaga oo lugaynaya ayaa waxa ka hor imaaday laba qof: "Maxaad u lugaynaysaan adinka oo dameer wata? Maad raacdiin?! Sidaas ayay ku dhaheen. Duqii ayaa wiilkiisa ku yiri: **"Bal adigu fariiso oo dameerka wad aabbo"** Cabbaar markii ay socdeen kadib ayay waxay arkeen haweeney ku calaacalaysa **"Ceeb badanaa wiilku, isaga ayaa dameerka wadaya, aabbihiina wuu lugaynayaa".** Sidaa darteed wiilka dameerkii ayuu ka degay, duqii ayaana raacay dameerkii.

Mar kale ayay wadada qof ku arkeen: **"Miskiin waa maxay duqa aan naxariista lahayn wiilkiisa ayaa lugaynaya isagana dameerka ayuu wadaa".** Qof ayaa sidaa ku yiri. Markaana labadooda ayaa raacay dameerkii. Qof kale ayay wadada dhexdeeda ku arkeen: **"Xaasidsanaa waxay rabaan inay dameerka miskiinka**

ah dilaan" Sidaa ayuu qofkii kalena ku yiri. Markii hadalkaa maqleen ayay labadoodiiba dameerkii ka degeen, waxayna go'aansadeen in ay labadooda lugeeyaan iyaga oo dameerka wada!

Suuqii markii ay soo galeen ayaa dadkii oo dhan layaabeen oo ay ku sheekesanayeen. Dameerbay wadaan, labadoodna midna ma fuulin.

Bal fiiri aabaha iyo wiilkiisu sida ay dadka marwalba ugu hadli jireen!! Haddaba waa in aad ku dhaqaaqdo oo aad samayso waxa aad rabto, dani kuugu jirto, waafaqsanna diinta adiga oo aan cid kale ku raali gelin. Dadka oo dhan ma qancin kartid xitaa haddii aad tahay midka ugu wanaagsan, sababta oo ah dadka maanta adduunka jooga markii aad is dhahdid caawi, waxay u qaadanayan in aad is tus-tus iyo ha lagaa sheego ka waddo. Markii aad rabto in aad keligaaga ahaato waxay u qaadanayaan in murugo ku hayso.

Markii aad kun wanaag u samayso way iska indhatiraan, laakiin markii aad hal qalad samayso waxay wadayaan intaas sano. Markii aad hadal dabacsan ku hadasho waxay u qaadanayaan in aad tahay daciif. Markii aad bilowdo in aad dantaada garato, waxay u qaadanayaan in aad dadka ka go'day oo buufis kugu bilowday. Dadka marwalba way hadlayaan marna ma raali gelin kartid, si kaste oo ay tahay, si kasta oo ay kuu xukmiyaan, wax kasta oo ay u qaataan adiga ha joojin ee joogtee wanaag samaynta iyo in aad u dhoola caddayso, salaanto, xushmayso, u naxariisato, soo dhowayso, cafiso, caawiso.

Hadalada Dadka

Allaah wuxuu leeyahay: **"Yaysan ku walbahaar gelinin hadalkoodu."** Sababta oo ah, dadku way hadlayaan, Waxayna ka hadlaan wax quseeya iyo wax aan qusaynba. Dadka hadalkooda waxa ka mid ah; hadal wanaagsan oo dhiirigelin leh iyo mid aan wanaagsanayn oo abuuri kara dhibaatooyin.

Qofka guul darraystay waa qofka isku dhiiba hadalka dadka ee aan awoodin in uu difaaco naftiisa. Waa in aad samaysaa waxyaabaha adiga aad ku raaxeysanaysid ama ku farxad geliya, aanan muhiimad wayn siinin dadka hadalkooda iyo waxa ay samaynayaan. Marka ay bilaabaan in ay wax kaa sheegaan oo aan wanaagsanayn ka fogoow meeshaas iskana iloow hadalkooda, waxaadna oggaataa qof waliba oo bulshada ka mid ah waxa uu leeyahay hab-fikir u gaar ah. Hadalka Alle aan ku dadaalno isagaa inoo daawo ah, aana ka fogaano hadalka dadka.

Marnaba ha u oggolaan in qof ku liido ama ku dareensiiyo in aadan qiimo lahayn. Alle wuxuu kuu abuuray ujeeddo cad, Alle ayaana ku karaameeyay.

Imaamu Shaafici ayaa yiri: "Qof allaale qofkii u maleeya in uu ka badbaadayo hadalka bani-aadamka wuu waalan yahay! Allaah ayay wax ka sheegeen, Nebi Maxamed ayay wax kasheegeen oo ay yiraahdeen waa saaxirow, wuu waalan yahay, maxaad u malaynaysaa waxii kasoo haray labadooda!? Dadka hadalkooda waa sida dhagxaanta, ama dhabarka ayaad ku qaadaysaa oo waad ku jabaysaa, ama lugahaaga hoostooda ayaad kaga dhisanaysaa dabaq (Abraaj) sare kuu qaada, waadna guulaysanaysaa" Ma joojin kartid hadallada dadka, laakiin ha u oggolaan hadallada dadka inay adiga ku joojiyaan.

4

RAAXADA QALBIGA

*Waxaan ka xiran karnaa indhaha waxyaabaha aanan
rabin in aan aragno, laakiin kama xiran karno
qalbigeena, waxyaabaha aanan rabin in aan dareeno.*

WAAN KU JECELAHAY

Markii aad dhahdo: "Waan ku jecelahay", waxaad ballan ku samaynaysaa qof kale qalbigiisa. Waa in aad muujisaa ficil si aad u caddayso. Jacaylku ma'ahan oo keliyah hadallo la dhaho, laakin waa ficil wanaagsan. Jacaylku ma aha dareen keliyah, jacaylku waa daryeel.

Jacaylku waa dareen ku baraya farxadda, islamarkaana muujiinaya dabeecadaahaaga kuwooda ugu wanaagsan. Kuna tusinaya macaanka noloshaada, jacaylku wuxuu xambaarsan yahay naxariis, wuxuuna keenaa isku dhawaansho iyo kalsooni. Sooma arag markasta aad fiirisid qofka aad jeceshahay, wajigaaga waxa ka muuqda farxad iyo dhoolacaddayn. Jacaylka wuxuu macno iyo qiimo u yeelaa noolashaada. Haddii uusan jiri lahayn jacayl nolashu waxay noqon lahayd mugdi, laakin jacaylka ayaa ah waxa iftiiminaya nolosheena.

In aan ku noolaano jacayl waa arrin ku dhisan diinteena, waxaad arkaysaa in inbadan ay diinteena nagu amartay in aan waalidiinta, qaraabada, xaaska, carruurta, deriska iyo dhammaan dadka noogu dhaw jeclaano, waana sababaha ugu weyn aan ku gelayno jannada, in aan is jeclaano, oo jacaylka uu noqdo mid dhexdeena ku faafisan, Nabiga scw wuxuu leeyahay: **"Waxaan ku dhaartay Allaha naftaydu gacantiisa ku jirto, jannada ma gelaysaan ilaa aad ka rumaysaan (xaqa) mana rumaynaysaan ilaa aad iska jeclaataan, ma idiin tilmaama wax haddii aad samaysaan aad isku jeclaanaysaan, salaanta dhexdiina ku faafiya"**.

Jacaylku waa waxa ugu quruxda badan ee la haysto,
waxa ugu adag ee la kasbado iyo waxa ugu xannuunka
badan ee la waayo.

Calaamadaha lagu garto qofka sida dhabta ah kuu jecel:

Qofka sida dhabta ah kuu jecel: wuxuu kuu dhawenayaa Allah. Waxa uu ku leeyahay: "Kaalay aan Qur'aanka wada aqrisano". Wuxuu kuugu dhiirigelinayaa sida aad aaqiro ugu shaqaysan lahayd! Gacantaada ayuu qabanayaa, wuxuu ku leeyahay: "Kaalay aan salaadda tukano".

Qofka sida dhabta ah kuu jecel: aamusitaankaaga ayuu fahmayaa inta aadan hadlin kahor, boqollaal sheeko ayuu kaaga sheekaynayaa si uu kuula sheekaysto. Wuxuu xiiseenayaa codkaaga, kaftankaaga, qosolkaaga, sheekadaada, wuxuuna kula fadhiyayaa saacadooyin isaga oo u maleeyo daqiiqado!

Qofka sida dhabta ah kuu jecel: farxaddaada waa farxaddiisa marka aad faraxsantahay ayuu u malaynayaa adduunka oo dhan oo faraxsan. Murugtaada waa murugtiisa, dhibaatadaada waa dhibatadiisa!

Qofka sida dhabta ah kuu jecel: si sahlan ku kala tegi maysaan. Haddii ay jirto boqol sababood oo aad ku kala tegi kartaan, wuxuu raadiyaa hal sabab oo aad ku wada joogi kartaan. Ilintaada wuxuu u malaynayaa ilintiisa, marka aad oysid ayuu u malaynayaa in adduunka oo dhan ay ooynayaan!

Qofka sida dhabta ah kuu jecel: wanaaggaaga ayuu arkayaa marka aad xanaaqsantahay!

Qofka sida dhabta ah kuu jecel: haddii aad wadan ka tagto oo aad safarto waxa uu u arkayaa in waddanka oo dhan ay safreen! Dadka oo dhan uma jeedo ilaa adiga.

Qofka sida dhabta ah kuu jecel: wuxuu kaa fakerayaa adiga oo aan ogayn! Jacaylkiina ayaa wax walba ka sareeya, waxwalba adiga ayuu kaa hormarinaya!

Qofka sida dhabta ah kuu jecel: waxa uu ku siinayaa kalsooni, marka dadka oo dhan ay kaa tagaan ayaa isaga kula joogo! Xaaladwalba oo aad ku jirtid ayuu kuugu jecelyahay. Sharaftaada ayuu ilaalinayaa. Danahaaga ayuu ka fekerayaa.

"Waxa ka mid ah calaamooyinka Alle inuu idiinka abuuray naftiina, haween si aad isugu xasishaan, dhexdiina yeelay jacayl iyo naxariis".
-Surah Ar-Room Ayah 21

Meelaha laga raadiyo xasiloonida, kalgacaylka una ah tusaale naxariista ayna ka mid tahay aayadaha Alle uu ragga iyo dumarka isku yeelay lammaane isku baahan oo noolashooda midba, midka kale dhammaystirayo waa guurka ku bilowda bilaaw wanaagsan iyo doorasho nafta raali ku noqotay. Alle Qur'aankiisa wuxuu ku leeyahay: **"Guursada wixii idiin wanaagsan"**. Nabiga scw wuxuu leeyahay: **"Lama Arag laba is jecel wax ugu wanaag badan sida nikaaxa"**. Taas waxaan ka fahmayna marka guurka ay ku bilaawato raali ahaansho iyo ka helitaan, in guurkaas uu noqonayo guur lagu waaro oona ku dhisan jacayl. Jacaylkaas oo saldhig u ah farxad. Sida baaritaano badan oo la sameeyay guurka ayaa lagu ogaaday in guurka uu keeno farxad.

81

Doorashada lammaanaha waa doorasho kan ugu adag, sidaas awgeed waxaa muhiim ah in aad si fiican oo xeeldheer ugu fikirtid qofka aad noloshaada la qaybsan lahayd hab dhaqankiisa, shaqsiyaddiisa, intaas waxay noolashaada u horseedi karaan farxad, rayrayn iyo raaxo guur.

Ka jawaab su'aalahan si aad u oggaatid gabadha/wiilka kugu habboon ee noloshaada!

1. Qof **sidee ah** ayaad rabtaa in aad guursatid? (*Tilmaam ugu yaraan 5 sifood*)
2. Qor dhammaan **dabeecadaha** aad ku dooranaysid?
3. Waa maxay waxyaabaha **muhiimka** kuu ah ee aad ku dooranaysid? sida (*Diinta, Da'da, lacagta, aqoonta, quruxda, sharafta iwm.*)
4. Waa maxay waxyaabaha **aad ka sugayso** qofka aad nolasha la wadaagaysid?

Wiil ayaa hooyadiis wayddiiyay: "Sideen u heli karaa gabar igu habboon?" Hooyadii ayaa ugu jawaabtay. "Haka welwelin helidda gabar wanaagsan, xoogga saar sidii aad u noqon lahayd nin wanaagsan". Sababta oo ah Alle wuxuu leeyahay: **"Kuwa Wanaagsanna waxay u sugnaadeen kuwa wanaagsan"**, oo macnaheeda ay tahay haddii aad adiga wanaagsanaatid in aad helaysid qof wanaagsan.

Sifooyinka lagu doorto ragga iyo dumarka waxa saldhig u ah labo sifo diin iyo dabeecad sida Nabiga scw uu ku yiri xadiis saxiix ah : **"Haddii uu idiin yimaaddo qof aad diintiisa iyo dabeecaddiisa raali ku tihiin u guuriya, haddii kale xumaan iyo dhibaato weyn baa dhulka ahaanaya"**. Xadiiskan waxaad ka fahmi kartaa in diinta iyo qofka dabeecaddiisu aan isku xirnayn, maxaa yeelay si kasta oo qofku uu diinta u yaqaan, wuxuu noqon karaa qof dabeecad khalafsan taas awgeed diinta qofka wanaagga ayay baraysaa, dabeecadduna qofka dhaqankiisa ayay wanaajinaysaa.

Hadda kahor ayaa nin baa nin kale wayddiiyay: "Gabar ayaan dhalay, yaan u guuriyaa?" Markaas ayuu ugu jawaabay: **"U guuri mid diin leh, Illaahayna ka cabsanaya, sababta oo ah haddii uu jeclaadana wuu sharfayaa, haddii uu xanaaqana kuma xadgudbayo."**

Haddii aad is waydiinaysid qurux looma guursado miyaa? Waxaan ku leeyahay qofkaste oo innaga mid ah quruxda wuu jecelyahay, laakin qofkaste quruxda si ayuu u arkaa. Way wanaagsan tahay qofka in uu guursado qof isaga la qurxoon laakin quruxdu wajiga yaysan noqon ujeeddada ugu weyn qofka aad nolosha kula wadaagayso. Sababta oo ah quruxda markasta uu qof da' ku timaaddo way sii dhammaanaysaa, laakiin waxa kel ee harayaa waa qofka hab dhaqankiisa uu kula dhaqmayo lammaanahiisa uu nolosha la wadaagayo.

Ha raadin qof qurux badan,
laakin raadi qof ka dhigaya noloshaada qurux.

Talooyin muhiim u ah doorashada lammaanahaaga:

- Ha raadin qof buuxa, oo ka dhammaystiran meelkasta, ee raadi qof aad is fahmaysaan, hadafkiina noloshuna ay tahay mid isku mid ah.

- Iswayddii, lammaanahaaga ma u'qalmaa in uu noqdo hooyo ama aabbo carruurtaada mustaqbalka, mana qaadi karaa mas'uuliyaddooda.

- Qofkasta waxa lagu qiyaasaa asxaabtiisa, sifiican iskaga eeg asxaabtiisa, waxaad oggaanaysaa qofka uu yahay iyo meesha uu tiigsado.

- Ogow Familka uu kusoo koray lammaanahaaga, sababta oo ah dhaqankiisa iyo qaabka uu u fikirayo ayay qayb ka qaadanaysaa, waana la xididi doontaa.

- Guurku wuxuu sitaa barako, ee ha uga cabsan dhaqaalo awgeed, Alle wuxuu leeyahay: **"Haddii ay sabool yihiin Alle, isagaa deeqdiisa ku hodminaya"**.

- Kala sheekayso qofka aad rabto in aad guursato, sida aad u rabto in ay noqoto noloshaada iyo qaabka aad u rabto in aad u wada noolaataan.

- Eegmada guurka ka hor waa muhiim, waxay qalbigaaga gelinaysaa qanaaco iyo danayn, guurkuna wuu ku barakoobaa.

- Ha u guursan si aad dantaada u gaarto, sababta oo ah guurka waxa saldhig u ah jacayl, jacaylkuna ma'aha danaysi.

- Waxaad iska ilaalisa in aad guursato qof leh laba dhaqan oo kala ah: Qof ka hadlaya gacmihiisa oo xanaaq badan iyo qof bakhiil ah.

> *Ha ku raacin muuqaal, way ku qaldi karaan.*
> *Ha ku raacin dhaqaale, wuu dhammaan karaa.*
> *Dooro qof farxad kuu keeni kara sababta oo ah*
> *dhoolacaddayn keli ah ayaa maalin mugdi ah*
> *ka dhigi karta iftiin.*

Kala dooro **HAA** ama **MAYA** si aad 100% u oggaatid in qofka aad rabtid in aad guursatid uu yahay midka kuugu habboon noloshaada?! Diyaar ma tahay? Haa!

1. Isku aragti maka haysataan guurka?
2. Ma isku fahantaan si walba?
3. Ma ka heshaa Daryeel, Naxariis, Kalgacal ama Ixtiraam?
4. Xiriirka salaadda ma yahay mid toosan?
5. Ma wanaagsan yahay xiriirka labada waalid?
6. Ma ku kalsoontahay?
7. Isku aragti maka haysataan xallinta haddii aad iskhilaaftaan?
8. Ma jeceshahay in nolashaada inta ka dhiman aad la nolaato?
9. Ma leeyahay/leedahay dulqaad (Sabar) ?
10. Sida aad u kala qaybsan lahaydeen mas'uuliyadda idin saaran maku heshiiseen?

Natiijada: Hadii jawaabta mid kamid ah ay noqoto __Maya__ waa in aad si fiican ooga fekertaa, sababta oo ah ma'ahan xiriir muddo jiri doona! **"Hadaba si fiican uga feker!**

Kawada sheekaysta su'aalahan si aad isku barataan!

- Waa kuma asxaabtaada kuugu dhaw?
- Ma tahay qof bulshada caawiya?
- Qof sidee ah ayay dadka kugu tilmaamaan in aad tahay?
- Maxay tahay dhaqamada aad jeceshahay in aad aniga igu aragto?
- Maxaa ku farxad geliya si aan u sameeyo?
- Ma jiraan dhaqamo aad adiga dhibsato?
- Maxay tahay waxa aad aniga iga sugayso?

- Sideed u ilaalisaa nadaafaddaada? (jirka, dharka, guriga)?
- Ma jiraan xanuuno aad ka tabanayso?
- Qaabkeed jeclaan lahayd inuu arooskeenu u dhaco?
- Meeqa carruur ayaad jeceshahay in aad dhashid?
- Sidee ayaad jeceshahay in aan ilmaheena u tarbiyayno?
- Ma jiraan shaqo tabaruc aad dadka u qabato?
- Heerkaaga waxbarasho intee ayuu gaarsiisanyahay?

Bilow Qurux Badan

Tusaalaha ugu quruxda badan nolosha lammanaha soo martay, waa hab dhaqankii Nabiga scw uu kula dhaqmay xaasaskiisa. Guriga Nabigu scw wuxuu ahaa guri ka turjamayo hadalka Alle uu ku amray dhammaan lammaanaha in ay iskula dhaqmaan: **"Wanaag (macruuf) kula noolaada"**

Macruuf: oo macneheedu tahay "Ficil wanaagsan, hadal debacsan iyo dabeecad fudud". Waxaana loo baahan yahay lammaanaha midkasta in uu ogaado hadalka Alle: **"Waxay wanaag ku leeyihiin inta iyaga lagu leeyahay oo kale"** oo macnaheedu ay tahay in lammaanaha ay isku leeyihiin xuquuq isku mid ah, loo baahan yahay midkasta in uu ku dedaalo sida midka kale uu u wanaajin lahaa.

Bankiga Jacaylka

Qalbiga waxa ka furan bangi. Bangigaas oo lagu magacaabo bangiga jacaylka. Bangigaas hadba inta aad ku shubato ayaad ku arkaysaa, haddii aad lammaanahaaga wanaag u samaysid, jacaylkaagu wuu kordhaa, haddii aad wax qaldan samaysidna, wuu nusqaamayaa. Lammaanaha waxa loo baahan yahay in ay ku dedaalaan in ay jaceylkooda kordhiyaan si ay u dareemaan raaxada nolosha. Haddii aad is wayddiinaysid, maxaa ka mid ah waxyaabaha kordhiya

86

jacaylka oo aan ku gaari karo raaxada guurka? Waxaa ka mid ah:

1. **Isbarasho:** Ubaro lammaanahaaga sida aad naftaada u taqaanid oo kale! Waxyaalaha uu jecel yahay, waxyaalaha uusan jeclayn, waxyaalaha uu dhibsado, xilliga uu xanaaqo iyo xilliga uu faraxsanyahay iwm, waxay taasi kaa caawinaysaa inaad si fudud ku hanato qalbigiisa.

2. **Ka bilow naftaada:** Waxyaalaha aad jeceshahay in aad ku aragtid lammaanahaaga marka hore ka biloow naftaada, C/laahi bin Cabbaas RC wuxuu leeyahay: (**Xaaskayga waxaan isugu qurxiyaa sida aan aniguba jeclahay inay isugu kay qurxiso**). Markaas qofka kale waxaad siinaysaa dareen jacayl!

3. **Sheeko macaan:** Aan wada sheekeasano macnaheedu waxay tahay aan xiriirkeena xoojino. Nabiga scw dhaqamadiisa waxa ka mid ahaa in uu subaxkasta iyo galabaha la sheekaysan jiray xaasaskiisa. Waxaad kala sheekaysan kartaa sida: kawaran maalintaada? Maxaad maanta samaysay? Iwm, kadibna in aad dhegaysatid oo aad la noolaatid waxyaabaha ay kaaga sheekaynayso ama uu kaaga sheekaynayo.

4. **Haddiyo si lama filaan:** Hadii lagu siiyo wax aadan filanayn waad farxaysaa, qofka ku siiyayna ma iloowaysid, bal kawarran haddii aad sidaas oo kale lammaanahaaga usiisid ama u samaysid wax uusan filanayn. Jacaylkiisa soo ma siyaadayo! Raad jacayl ayay qalbiga lammaanahaaga ku reebaysaa. Muhiim ma ahan in ay noqoto wax wayn, waxyaabo yaryar ayaa jira oo aad maalinwalba u hadyadayn karto!

5. **Ammaan:** Lammaanahaaga haddii aad ku ammaanto wuxuu kuu sameeyay, kadibna uga mahadceliso, ma malaysan karaysid farxadda qalbigeeda ama qalbigiisa galayo, markasta farxadda dhexdiina ku badato waxaa adkaanaya xiriirkiina.

Qof kaste wuu garanayaa sida guri qurux badan loo dhiso, laakiin dad yar ayaa garanaya sida quruxda badan ee loogu noolaado.

Gurigaaga adaa mas'uul ka ah, adigaana loo baahan yahay in aad ku dadaashid sida aad uga dhigi lahayd guri farxad badan, marka la abuurayo geed markasta waxa lagu waraabiyaa biyo, waana laga ilaaliyaa qashinka, si geed qurux badan usoo baxo, sidaas oo kale waa in aad gurigaagana markasta ku dadaashid hagaajintiisa. Midna ogoow qofkasta lammaanaha ka mid ah waxa ka dhacayo gaabis ama qalad taas waa dabiici Alle ibna'aadamka ku abuuray. Nabiga scw wuxuu yiri: "**Nin Mu'min ahi ma liido naag mu'minad ah, haddii uu dhaqan ku dhibsado mid kale uu ka raali noqdaa**". Markaasna waxaa loo baahan yahay dulqaad iyo is cafin. Taasi waxaa ka dhalanaaya in uu xoogaysto jacaylku. Rasuulkuna scw wuxuu yiri: "**Mu'miinta ka ugu iimaanka badani waa ka ugu edebta badan, waxaana idinku akhyaarsan ka xaaskiisa ugu akhyaarsan.**"

JACAYL JOOGTA AH

Maalin maalmaha kamid ah, ayaa Nabiga scw la waydiiyay dadka yaad ugu jeceshahay? Wuxuu uga jawaabay: "**Caa'isha**", kadib ayaa saaxabadu waxay dhaheen: rasuulka Alloow, waxaan ula jeednaa ragga. Kadib wuxuu dhahay "**Aabbaheed.**" Kama uusan xishoon jirin jacaylka uu u qabo xaaskiisa bal wuu ku faani jiray dadka agtooda, si uu u baro dadka macnaha jacaylka.

Mararka qaarna wuxuu dhihi jiray "**Waxaa la igu arsaaqay jacaylkeeda**". Wuxuuna ula jeeday, jacaylka uu u qabo xaaskiisa Khadiija RC. Jacaylka Nabiga scw ina barayo, waa jacayl aan ku xirnayn dan ama qofka in aad wax ka heshid, bal waxa dhici jiray Nabiga scw, marka ay geeriyootay Khadiija RC in uu badin jiray in uu sheeg sheego magaceeda, uuna ammaani jiray, ilaa ay Caa'isha ay ka dhahdo "Kama aanan maseerin dumar sida aan uga maseeray Khadiija, sheegista badan uu sheegayo Nabiga scw", waxaana dhici jirtay in uu markasta uu u diro asxaabteeda hadiyooyin, daacad uu u yahay jacaylkeeda.

Guri kaste oo raadinaya liibaanta guurka waa in ay bartaan kuna daydaan Nabiga scw, si ay u noqoto gurigooda guri farxad badan, xilli ay ku badatay bulshadeena furniinka iyo khilaafaadka soo dhexgalo lammaanaha. Waxaad ka baranaysaa hab dhaqanka Nabiga scw, sida aad gurigaaga uga dhigi lahayd guri ku dhisan jacayl iyo wehel is garab taagan, sida aad u raaligelin lahayd lammaanahaaga una dareensiin lahayd kalsooni iyo naxariis, habka aad nolosha isku wadaagi lahaydeen iyo waddada ugu fudud loo xaliyo khilaafka hadii uu yimaaddo.

Qaar ka mid ah tusaalooyinkii Nabiga scw ina tusinaya, sida uu xaasaskiisa ula dhaqmi jiray waxa ka mid ah:

1. **Wuxuu la qaadan jiray waqti gooni u ah si uu ula sheekaysto.** Waxay leedahay hooyadeena Caa'isha RC: "Wuxuu ahaa rasuulka Alle, haddii uu kasoo baxo salaadda casar, in uu u geli jiray xaasaskiisa, kadibna wuu usoo dhawaan jiray" Ibna cabaas wuxuu tilmaamay in uu Nabiga scw xilliga aroortii marka qoraxdu ay soo baxdo, soo booqan jiray xaasaskiisa.

   Ibna Xajar wuxuu leeyahay "Booqashada aroortii waxay ahayd salaan iyo duco, mida gelinka dambane weheltinimo iyo wada sheekaysi."

2. **Wuu dhunkan (*shumin*) jiray xilliga guriga uu kasoo baxayo.** Nabiga scw wuxuu ahaa, marka uu guriga kaso baxayo in uu dhunkado xaasaskiisa sida Caa'isha ay leedahay, sidoo kale haddii uu sooman yahay xitaa, wuu dhunkan jiray, maadaama dhunkashada ay tahay waxyaabaha dareenka jacaylka kor u qaada.

3. **Biyaha wuxuu ka cabbi jiray, meesha ay ka cabto!** Caa'isha RC waxay leedahay "Wuxuu ahaa Nabiga scw in uu **ka cabbi jiray biyaha meesha aan anigu ka cabbayay ee uu afka ii saarnaa**", sidoo kale xadiiskale waxay ku leedahay: "**wuxuu ka goosan jiray hilibka meesha anigu aan ka goosto.**" wuxuu muujin jiray, jacaylka xaasaskiisa uu u qabo xitaa cuntada iyo cabitaanka, taasina waa raadka wanaagsan ee jacaylka lammaanaha aan weligiisa titirmayn.

4. **Wuxuu la qubaysan jiray xaasaskiisa!** Nabiga scw noloshiisa dhinackasta marka aad ka fiiriso waxa ka arkaysaa jacaylka tan ugu dhammaystiran. Tusaale ahaan Caa'isha RC waxay leedahay: "waxaan ku

qubaysan jirnay aniga iyo Nabiga scw, hal weel oo labadayada noo dhexeeya, markaas ayaan weelkii kaga hormarayey, wuxuu i dhahayey aniga waaye markayga, isagana marka uu iga hormaro waxaan dhahaayey 'waa markaygii'. Bal fiiri xitaa qubayska Nabiga scw, wuxuu ahaa qubays, laga dareemayo kalgacaylka iyo xiriirka wanaagsan ee lammaanaha.

5. **Wuxuu u kaxayn jiray, casumaadda loogu waco!** Maalin maalmaha ka mid ah ayaa Nabiga scw nin deriskiisa ah, oo sifiican u samayn jiray maraqa, ayaa ugu yeeray gurigiisa. Nabiga scw wuxuu ku dhahay Caa'ishana ma igula jirtaa? Ninkii wuxuu dhahay: "Maya", kadib ayaa Nabiga scw ku yiri: "anigu na kuma jiro", ilaa markii dambe uu ku yiri "Haa", kadib ayaa Nabiga scw iyo Caa'isha gurigiisa ay usoo raaceen.

6. **Wuxuu ku masaxi jiray ilinta, marka ay ooyso.** Xilli ay ku guda jireen Nabiga scw iyo xaasaskiisa safar, ayaa hooyadeena Safiya RC ka xanuunsaday geelkeeda, wuxuuna ahaa geelka ay aad u jeclayd, markastana way ku safri jirtay, kadib ayaa Nabiga scw u yimid, waxaana loo sheegay arrintii, kadib way ooysay, markaas ayaa Nabiga scw, gacantiisa ku masaxay ilinteeda. Nabiga scw ma uusan xaqirin dareenkeeda iyo sababta ay u ooynayso.

7. **Wuxuu u ahaa xaaskiisa wehel iyo saaxiib.** Caa'isha RC iyada oo gudanaysa waajibaadka xajka waxa ku dhacday caado, markaas ayay aad u murugootay, ilaa ay ka ooyso, kadib ayaa Nabiga scw u yimid wuxuu ku dhahay "Caado miyaa kugu dhacday?" kadib ayay dhahday: "Haa." Kadib ayaa Nabiga scw ku yiri, isaga oo qalbigeeda dejinaya "Arrinkani waa arrin Alle uu ku waajib yeelay dumarka banii'aadamka, ee samee wixii

uu samayn jiray xaajiga (*qofka xajka gudanaya*) waxaan ka ahayn in aad ku dawaafto kacbada." Bal u fiirso Nabiga scw, markii uu u yimid, ma uusan wayddiin maxaa kugu dhacay balse wuxuu ku dhahay: "caado miyaa kugu dhacday", wuxuu ahaa mid la socda xaaladaha xaaskiisa. Intaas kadib niyaddeeda ayuu dejiyay, murugtiina wuu ka saaray.

8. **Wuxuu qayb ka qaadan jiray hawsha guriga.** Caa'isha RC ayaa waxa la wayddiiyay Nabiga scw, maxuu ka samayn jiray gurigiisa? Waxay ku jawaabtay: "Wuxuu ahaa qof u taagan shaqada reerkiisa." Axaadiista kale waxay tilmaameen, in uu ahaan jiray Nabiga scw, mid dharkiisa hagaajista, kabihiisa nadiifista, arigiisa caanaha ka lisa, ehelkiisa danahooda u taagan. Nabiga scw oo ah hoggaamiyaha ummadda, xilliga uu joogo gurigiisa wuxuu u taagnaa shaqada gurigiisa. Xilliga uu joogo meel ka baxsan gurigiisana wuxuu ahaa mid u taagan shaqada iyo danaha dadka. Miyaysan mudnayn, innaguna in aan ku dayano rasuulkeena si aan u helno liibaanta qoyska.

9. **Orodka ayuu la tartami jiray.** Wuxuu ahaa Nabiga scw mid la ciyaara xaasaskiisa, mararka qaarna wuxuu la geli jiray tartan orod ah, sida Caa'isha RC ay innooga sheekaysay tartan orod dhexmaray iyada iyo Nabiga scw, waxa ay leedahay waxaan ahayn aniga iyo Nabiga safar waxa uu iga codsaday in aan orad ku tartanno, waan tartanay waana ka guulaystay, muddo kadib ayaa Nabiga scw, haddana markale iga codsaday in aan tartano kadibna, wuu iga guulaystay, markaas buu inta uu qoslay yiri: "Tan tii hore u qaado", isaga oo ula jeeda tartankeena hadda waa bareejo.

10. **Wuxuu ka caawin jiray in ay fuulaan gaadiidkooda.**
Safiya RC ayaa waxay rabtay in ay fuusho geelkeeda,
markaas ayaa Nabiga scw, intuu jilbihiisa dhulka dhigay,
ayay ku istaagtay, oo ay fuushay awrkeeda. Bal qiyaas
dareen sidee ah ayay hooyadeena Safiya RC
dareemeysaa, xilli Nabiga scw jilibkiisa dhulka dhigayo
si iyadu ay ugu istaagto, saxaabaduna ay daawanayaan.
Soo ma'ahan jacayl la dulsaaray jacayl. Jacaylkaas waa
jacaylka loo baahan yahay in aan kula dhaqanno
xaasaskeena.

AJAR RAAXO BADAN

Nimcooyinka guurka xalaasha ah waxa kamid ah, in
lammaanaha midkaste uu ka gudan karo baahidiisa
shahwadda ee Alle ku abuuray. Dadka qaar ayaa aaminsan
in sida ragga iyo dumarka isugu galmoodaan oo laga hadlaa
ay tahay wax ceeb ah, oo ay fiican tahay in laga aamuso,
balse waxay iloobeen in waxa xaqiiqada ah laga xishoodaa
ay tahay qalad. Aayado kamid ah qur'aanka ayaa arrintaas
sheegtay muhiimadda ay leedahay awgeed.

Waxaad arkaysaa qoysas badan oo burburay, sababta
oo ah "**qofkasta baahidiisa qofka kale sida loo baahnaa ma
uusan ugudan**" taas awgeed baaritaano aad u badan waxay
tilmaamayaan in lammaanaha is baahi tira ay yihiin kuwo
kuwada nool farxad, qalbigooduna uu deggan yahay,
caafimaad ahaana ay yihiin kuwa fiican. Nabiga scw wuxuu
leeyahay: "**Galmada xaaska waa sadaqo. Markaas bay
yiraahdeen: Rasuulkii allow ma nin baa xaajada uu
gudanaayo lagu ajar siinayaa? Markaas buu yiri: "waxaad
iiga warrantaa haddii u naag xaaraan ah u tegi lahaa sow
dembi kuma dhaceen? Sidoo kale haddii uu u tago
xaaskiisa wuxuu leeyahay ajar**".

93

Waxa jirta faa'iido badan oo laga helo galmada sida dhaqaatiirta ay sheegeen oo kamid ah:

1. Xilliga qofku baahidiisa sida ugu wanaagsan u guto, wuxuu dareemayaa, jir iyo maskax ahaan firfircooni iyo fudayd. Ibna Caqiil Alxanbali wuxuu leeyahay: **"Waxaan ahaa, haddii ay mas'alo iga xirxirmata aan fahmi waayey, in aan ugu yeero xaaskayga gogosha, marka aan xaajadayda ka guto, cilmi aad u badan baa maskaxda kusoo burqan jiray".**

2. Waxay baabi'isaa stresska, shahwada haddii ay qofka ku badato dhib ayuu u keenaysaa caafimaadkiisa sida dhaqaatiirtu ay tilmaameen.

3. Waxay kordhisaa xiriirka lammaanaha, oo waxay ka dhex abuurtaa kalgacayl iyo naxariis, awlaadna waa laga helaa oo lagu indho qabowsado.

4. Wadnaha ayay caafimaad u tahay. Isha ayay ka laabtaa xumaanta. Madax wareerka ayay ka baabi'isaa. Dhiigana way cusboonaysiisaa.

5. Waxay yaraysaa khatarta xanuunka kansarka lagu magacaabo iyo cudurro badan oo qofka ku ah halis, sida baaritaano badan lagu sheegay.

Galmada Wanaagsan
Waxa jirta talaabooyin loo maro galmada wanaagsan, taas oo sabab u noqon karta, in lammaanaha xalaasha isku ah ay labadooda si wanaagsan u wada raaxaystaan baahidoodana ay isla gutaan iyaga oo faraxsan.

• Lammaanaha xalaasha isku ah waa inay si fiican isugu diyaariyaan galmada. Waa inay qubaystaan, iscarfiyaan oo ay isqurxiyaan, jewiga guud ee guriga laga dhigo qurux. Taasi waxay ku dhiirrigelinaysaa in ay sameeyaan galmo ay kuwada raaxaystaan.

- Hadalka jilicsan iyo sheekada macaan ee lammaanaha, waa sahanka ka horeeya galmada, intaa kadib in ay aqriyaan ducada jimaaca oo ah : **"Bismillah, Allahumma jannibna-sh shaytana, wa jannibi-sh shaytana ma razaqtana"**.

- Inta wada hadalka socdo waa in aad isku eegtaan si naxariis leh, taasi waxay dareen gelisaa qalbiga qofka kale in uu jiro rabitaan aad u hayso.

- Dhunkashada badan xilliga galmada ay bilaawanayso waxay baraarujisaa jirkaaga waxayna kicisaa dareemahaaga.

- Ku dadaal inta uu socdo dhunkashada, taataabashada jirka ama salaaxistu meelaha ugu dareenka badan, sababta oo ah waxay jirka ku reebaysaa raad aad u raaxo badan.

- Intaa kadib, marka aad aragto in raaxada meesha ugu sarayso aad isla gaarteen, kadib shaqada galmada u bilaawa, si aayar ah, idinka oo raacayya aayadda Alle: **"Xaaskiina beerbay idiinyihiin ee ugutaga beertiinna sidii aad doontaan, una hormarsada naftiinna wanaag."**

Waxaa jira talooyin badan oo kaa caawinaya sidii aad u gaari lahayd galmada wanaagsan, waxa ka mid ah:

- Fiiri xaaladda lammaanahaaga uu kusugan yahay iyo xilliga u ah waqti munaasab, galmadu marka ay tahay dareen iyo doonis, waxay leedahay raaxo gooni ah.

- U niyayso ajar, iskana ilaali degdegta xilliga galmada, qaado waqtigaaga.

- Marwalba aad rabto in aad bilowdo jimaac, ku bilow ducada Nabiga scw ina baray, sababta oo ah haddii Alle idinku irsaaqo awlaad, waxa laga dheeraynayaa sharta iyo dhibka shaydaan.

- Ha ugu tegin xaaskaaga sida xoolaha oo kale, balse ku biloow galmada ka hor talaabooyinka aan soo sheegay.

- Is weydiiya oo kawada hadla, sida ugu wanaagsan ee uu qofkasta ku helayo raaxadiisa galmada.

- Isku day xilliga galmada in aadan joojin marka aad adigu dheregto, balse ogow qofka kale na in uu leeyahay raaxo midaas lamid ah.

- Marka aad rabtaan in aad mar kale isku noqotaan wayso qaata, waysadu jirka ayaa firfircooni lagaga dareemaa.

- Galmada oo lasameeyo subaxdii faa`idooyin badan ayay leedahay, sida baaritaano badan laga sameeyay.

- Isla qubaysta, xilliga galmada kadib, jacaylkiina ayaa ku xooggaysanaya.

- Ha faafin, qofna hakala sheekaysan cawrada lammaanahaaga.

QALBI NADIIF AH

Ma ogtahay in farxadaada ay ka timaaddo qalbigaaga, markasta qalbigaaga ay tahay qalbi nadiif ah, waxaa fududaanayo in farxadda qalbigaaga ku jirto ay ka muuqato wajigaaga. Markasta aad dadka cafiso, una dulqaadato dhibaatooyinka aad kala kulmaysid, macnaheeda waxay tahay farxaddaada ayaad muujisay.

Cafiska iyo dulqaadka waxay ka tirtiraan qalbigaaga, muruggada iyo mugdiga. Waxaadna helaysaa nafis raaxo ah oo ka imaanaya qalbigaaga. Waxayna kaaga dhigaysaa qofka sokeeya saaxiib, laakiin haddii aad qalbigaaga gelisid dhibaatooyinka dadka kaa sameeyay, waxa dhacaayo, in farxaddaada ay nusqaanto, murugtana ay hesho boos ay ka degto qalbigaaga.

Xasuusashada badan ee dhibaatooyinka lagugu sameeyay dib u dhac ayay kugu keeni kartaa, cashar ka baro oo dadaal si mustaqbalkaagu u noqdo mid qurxoon. Dabayshu waxay u socotaa hore, adiga marka aad soconaysid waxaad u socotaa hore, adduunkuna wuxuu u socdaa hore, qofka caqliga lehna wuxuu ka fikiraa waxa soo socda, sidaas awgeed, dhibaatooyinka laguugu sameeyay haddii aad ka socoto, oo aadan u istaagin sooma ahan, waxa qalbigaaga farxad gelinaayo, rabigaaguna kugu jeclaanayo.

> "Qofkii iska cafiya, oo wanaajiya ajarkiisa Alle ayaa siinaya." - Surah Ash-Shuraa Ayah 40

97

Ma Cafin Kari

Dhibaatooyinka lagugu sameeyay, sabab u noqday in aad habeenno badan soo jeedo, xanuunkeeda adiga keli ah ayaa dareensan, in aad iska cafiso waa arrin aad u dhib badan, laakiin ma ogtahay cafisku in aad adiga wax badan ka faa'iidaysid, inta aan la gaarin qofka ku dhibaateeyay, tusaale ahaan:

Haddii aad xanaaqdo qalbigaaga geliso cuqdad, wajigaagana murugo ka muuqato, ama habeen badan aad la jiifan waydo adiga oo ciil ku hayo, markaas yaa dhib qaba; ma adiga miseqofka dhib kugu sameeyay? Adiga uun baa wadnahaaga dhibaato u geysanaya ee qofka kale waxba ma aadan u dhibin!

Alle wuxuu leeyahay: " **Mana isku eka wanaag iyo xumaan, bixi arrinta fiican markaas waxa soobixi in midkii col idin dhexyiil uu noqon sokeeye iyo saaxiib**".

Waxa laga yaabaa in dadka qaar saamaxaadda u arkaan jab, aamusnaantana u arkaan jab, laakiin waxaysan ogayn cafintu waa mid ka mid ah tilmaamaha lagu garto dadka leh awood maskaxeed, ogna wax dantooda ah. Alle wuxuu leeyahay: **"Cafiska (dheeraadka ah) qaado, wanaaggana far, kana jeedso kuwa jaahiliinta ah"**.

98

Faa'idooyinka Cafiska

1. Waxa lagu helaa sharaf iyo cisi, sida Nabiga scw uu ku yiri xadiis: **"Uma siyaadiso addoonka cafinta ilaa sharaf (cisi) mooyee"**.

2. Dadka agtiisa waxaad ka noqonaysaa qof la jeceyl yahay, is dhexgalkaaga bulshaduna wuu kuu wanaagsanaada.

3. Markaste oo dadka aad cafisid adigana Alle ayaa wuxuu kuu balan qaaday in uu dunuubtaada dhaafayo, inta ay doonto ha leekaate.

4. Nafsadda ayaad waxaad ka dareemaysaa deggenaansho iyo raaxo qalbiga.

5. Waxa laga badbaadinayaa dhibtaada maalinta qiyaamo.

6. Qalbigaaga wuxuu ka badbaadaa cudurrada qalbiga sida baaritaano badan ay ku xaqiijiyeen dhaqaatiirta.

7. Waxa lagu siin abaal marin aad u weyn Alle keliyah og yahay. Alle wuxuu leeyahay:" **Qofkii iska cafiya oo wanaajiya ajrigiisa Alle ayaa siin**"

5

RAAXADA JIRKA

"Nafsaddaada xaq ayay kugu leedahay."

CUNTO CAAFIMAAD LEH

Daryeelidda jirkaaga iyo caafimaadkaaga waxay saamayn aad u weyn ku yeeshtaan farxaddaada iyo ku raaxaysiga nolasha. Nabiga scw wuxuu inoo tilmaamay in qofka **Nafsaddiisa xaq ay ku leedahay** sidoo kale Nabiga scw wuxuu dhihi jiray: **"Saacah wa saacah"** oo laga wado in qofka xaqa rabbigiisa uu ku leeyahay la yimaaddo, sidoo kalena uusan iloobin xaqa nafsaddiisa ay ku leedahay, uguna raaxeeya waxwalba oo Alle u banneeyay, labadaba ajar lagu siinayo! Alle ma uusan naga reebin in aan ku raaxaysano dhammaan quruxda aduunkan yaala, bal wuxuu Alle tilmaamay in quruxdaas iyo raaxadaas loogu tala gelay muslimiinta, aaqirana ayaga kaliyah gaar u tahay, sida Alle uu leeyahay: **"Waxaad dhahdaa yaa reebay quruxdii Alle uu soo bixiyay dadka, iyo wanaagga risqiga, waxaad dhahdaa waxa iska leh kuwa rumeeyey Alle nolosha adduunyo dhexdeeda, gaarna u tahay maalinta qiyaame"**.

Sidoo kale maalinta qiyaamo qofka waala weydiin doonnaa qayb walba jirkiisa ka mid ah waxa uu ku qabtay. Jirkaaga mas'uul ayuu kugu yahay si wanaagsan u daryeel, sababta oo ah si aad nolosha ugu raaxaysato waxaad u baahantahay jir caafimaad qaba. Haddii aad tahay Bilyaneerka adduunka ugu taajirsan oo aadan caafimaad qabin waxba kuuma tarayso lacagtaas. Caafimaadka waa wax aanan ka maarmin qof walba oo nool. Caafimaadkana Alle ayaa bixiya, laakiin caafimaad darrada qaarkood qofka ayaa sabab u ah , waana wax gacmihiisa uu ku kasbaday. Halkan waxaan kuugu so bandhigayaa talooyin muhiim ah si aad jir ahaan ugu raaxaysato noloshaada.

Biyaha

Jirkeenu wuxuu u baahanyahay biyo si uu u shaqeeyo, ha ahaadaan kuwo lagu qubaysto ama la cabbo, marka aad biya cabto ama aad isku shubto waxay ka dhigantahay inaad heshay shiidaal awood badan, waxayna wax ka taraysaa xasuustaada iyo firfircoonida ee aad dareemayso. Alle wuxuu qur'aanka innoogu sheegay isaga oo ka hadlaya biyaha **"Wax kasta ayaan biyaha nolol uga dhignay"** Dhinaca kale biyaha waa midka ugu muhiimsan wax kasta oo dhulka ku nool sida bini'aadmka, xoolaha, dhirta.

Haddaba waa in aad cabtaa maalintii siddeed galaas oo biyo ah ama 2 ilaa 2.5 liitar oo biyo ah, gaar ahaan cabitaanno aad ka heli karto nafaqo sida liinta, iyo khudradda noocyadeeda kala duwan si jirkaga iyo maskaxdada ay u helaan caafimaad.

Sidoo kale haddii aad hurdada ka kacdid kadibna cabtid koob biyo qabow ah, waxay kaa caawinaysaa in ay firfircooni iyo dib u cusboonaysiin geliso unugyada maskaxda, taas oo qofka ku beeraysa shucuur firfircooni oo maalinta oo dhan aan ka harin. Sidoo kale waxay culumada caafimaadka sheegayaan in qofka oo biyo qabow ku qubaysta subaxda hore ay ku abuurto firfircooni dheeraad ah.

Cuntada

Waxa aad cunto iyo waxa aad cabto waxay macno weyn ugu fadhiyaan caafimaadkaaga. In aad cunto-cuniddaada aad wanaajiso waxay yaraynayaan khatarta helidda cudurro aad u badan. Jirka wuxuu ubaahanyahay maadooyin kala duwan. Si aad u hesho dhammaan maaddooyinka jirka u baahan yahay waxa muhiim ah in aad cunto cuntooyin kala duwan sida:

- Kalluunka; gaar ahaan Salmon.
- Tufaaxa, canabka, mooska, cambaha iyo qaraha.
- Ansalaatada, liinta iyo karootada.
- Hilibka digaaga, geela, lo'da iyo ariga.
- Shukulaatada madow.

Cunto kaste waxay leedahay faa'iido, sidoo kale waxa jirta cuntooyin uu jeclaa Nabiga scw oo faa'iido badan ku jira, qaarna waxa lagu sheegay Qur'aanka kariimka ah waxa ka mid ah.

1. **Malabka**: Nabiga scw wuxuu yiri: "**Waxaan idinku ogahay laba daawo – Qur'aanka iyo malabka**". Malabka waxa ku jira faa'iidooyin badan iyo Vitamiino kala duwan. Baaritaan la sameeyay ayaa waxa la ogaaday in malabku daawo uyahay cudurro badan sida uu Alle ku sheegay Qur'aanka kariimka ah, suuradda lagu magacaabo Suuratul Naxli, Alle wuxuu tilmaamay **in ay malabka dhexdiisa daawo u tahay Dadka.**

2. **Timirta**: Timirta kaligeed waxa ay kaafisaa baahida jirka dhinaca nafaqo iyo tamarba. Ugu yaraan 1 xabbo aad maalintii cunto waxa ay kuu kordhinaysaa waxtar aad u fara badan. Nabiga scw wuxuu tilmaamay: **Timirta Madiina ee Cajwaan qofkii cuna subuxdii 7 xabo, inuu maalintaas ka badbaadayo sun, sixir iyo waxkasta oo caafimaadkaaga dhibi kara.**

3. **Caanaha**: Caanuhu waxay ka mid yihiin cuntooyinka Qur'aanka lagu sheegay. Nabiga scw waxa uu inoo sheegay in caanuhu u wanaagsan yihiin Qalbiga. Sidoo kalena waxay xoojiyaan dhabarka, sidoo kalena waxay kobciyaan maskaxda, aragga iyo xusuusta ayay wanaajiyaan.

4. **Cinabka:** Cinabku waxa uu ka mid yahay cuntooyinkii qur'aanka lagu sheegay, waxa uu nadiifiyaa dhiigga sidoo kale cinabku waxa uu sifeeyaa kelyaha waana uu xoojiyaa shaqadooda.

Aadaabta Cunidda Iyo Cabbidda

Si aad ugu raaxaysatid cuntada waxa wanaagsan in aad aadaabta la xiriira cuntada iyo cabidda nabigeena ina baray aad la timaatid. Nabiga scw wuxuu mar arkay wiil yar aan wanaajinayn aadaabta cuntada markaas ayuu ku yiri isaga oo baraya aadaabta cuntada: "**Wiilow dheh Bismillaah, oo ku cun midigtaada, oo cun waxa ku soo xiga**". Bismillaah oo macnaheedu ah: Waxaan barakaysanayaa oo kaalmaysan magaca Allaah. Haddii aad hilmaamto oo aad xusuusato adiga oo weli wax cunaya waxaad leedahay: "**Bismillaah Awalihi wa aakhirihi**"

Marka aad dhammaysana waxaad dhahdaa "**Al-Xamdulillaah**" waa inaad uga mahadnaqdid Allihii nicmada kuugu nimceeyay, oo dad badan aanan haysan, waxaadna raacin kartaa inaad dhahdid: "**Al-Xamdu Lillaahiladii adcamanii haadaa warazaqaniih min gheyri xawlin minnii walaa quwwah.**

Nadaafadda

Diinta Islaamku waxay ina amraysaa inaan nadiif ahaano, xagga jirka iyo ruuxdaba. Waxay ina amraysaa in aan qurux badnaano. Alle wuxuu qur'aanka ku leeyahay: '**Illaahay wuxuu jecelyahay, kuwa u soo noqda oo xumaanta ka toobad keenay iyo kuwa isdaahiriya.**' Haddii qofka jirkiisa, dharkiisa iyo gurigiisa nadaafad leeyihiin, ruuxdiisu way raaxaysanaysaa, jirkiisana caafimaad ayuu dareemayaa. Culimada caafimaadku

waxay sheegaan in nadaafad la'aantu ay keento cudurro
badan oo kala duwan.

1. **Nadaafadda jirka:**
    *   **Wajigaaga:** Nadaafadda wajigaaga oo aad daryeeshid
        waxay kaa dhigaysaa qof soo jiidasho leh, sababta oo
        ah wajigu waa meesha ugu horaysa ee qofka laga
        fiiriyo, waa muraayadda jirkeena oo dhan, waa halka
        laga cabbiro quruxda qof walba.

    *   **Timaha:** Timahaagu waxay u baahan yihiin daryeel
        iyo ka warqab dheeraad ah sababta oo waa
        quruxdaada.

    *   **Ilkaha:** Nadaafadda afka iyo ilkuhu waxay saamayn
        ku leeyihiin caafimaadka qofka oo dhan. Quruxda
        ilkahaaga iyo neefta udgoon waxay kordhiyaan
        dareenka wanaagsan iyo kalsoonida qofka.

    *   **Qubayska:** Si aad u ilaalisid nadaafadda jirkaaga waa
        in aad maalin walba qubaysataa kuna qubaysataa
        shaamboo, saabuun, biyo ama waxyaabo kale, si aad
        firfircooni iyo raaxo u dareentid.

2. **Nadaafadda dharka iyo labiska:** Waxa muhiim ah in
    dharkaaga nadaafad leeyahay oo nadiif yahay, adiga ayay
    kugu xiran tahay dharka aad xiranayso iyo nooca aad
    jeceshahay, laakiin waa in ay nadaafad leeyihiin.

3. **Nadaafadda guriga:** Ruuxda iyo jirku waxay ku
    raaxaystaan meel qurux badan oo si fiican loo nadiifiyay.
    Meesha aad ku nooshahay waxa lagu gartaa
    caafimaadkaaga. Nadaafadda guriga uu qofku ku
    noolyahay, laga bilaabo, iridda hore ilaa iyo qolka jiifka
    waa muhiim.

Waxyaabaha Udgoon
Waxyabaha aadka u caraf badan ayaa waxa ay qayb ka
qaatan caafimadka, xasiloonida iyo farxadda jirka iyo
maskaxda. Nebigeena scw aad ayuu u jeclaa waxyaabaha
carfaya!

JIMICSI SAMEE

Waxaad u baahan tahay in aad dhaqdhaqaaqdid oo
jimicsi samaysid, orodid, socotid ama lugaysid si joogta
ah, kaxaysid baaskiil ama jimicsi aad siisid qaybaha kala
duwan ee jirkaaga ama muruqyadaada, si jirkaaga iyo
maskaxdaada ay u helaan caafimaad, farxad iyo
firfircooni badan. Jimicsiga iyo ciyaarta wuxuu leeyahay
faa'iidooyin aad u badan oo ka mid ah:

1. Waxa uu jimicsigu qurxiyaa muuqaalka qofka.
2. Waxa uu dhisaa awoodda qofka.
3. Waxa uu maqaarka siiyaa caafimaad aad u sareeya ,
   sababta oo ah qofka wuxuu ka helayaa dhidid, kaas oo
   jirka ka saaraya sunta iyo nabarrada jirka kasoo
   baxaya.
4. Waxa uu yaraynayaa murugada qofka.
5. Waxa uu ilaaliyaa caafimaadka lafaha.
6. Waxa uu xoojinayaa awoodda caqliga ama maskaxda.
7. Waxa uu siinayaa hurdo aad u macaan badan.
8. Waxa uu qofka ka caawinayaa in uu dhimo culayska
   jirkiisa ama uu miisaankiisa yareeyo.
9. Waxa uu ku siinayaa kalsooni: jimicsiga joogta ah
   wuxuu inyar inyar maalinkaste kobcinayaa kalsoonida
   aad naftaada ku qabtid.
10. Waxa uu kor u qaadayaa enerjiga jirkaaga.

Haddii aad si joogta ah u jimicsatid, waxaad arki doontaa in hawl yar ama mid badan aad leedahay maalintaada si fudud uga baxi doontid adiga oo aan ka daalin.

Qofka muslimka ah waa in uu noqdaa qof awood badan jir iyo maskax labadaba. Nabiga scw wuxuu ahaa qof awood badan jir, maskax, iyo iimaan ahaan. Waxaa jira nin magaciisa la dhaho Rukaan oo ahaa ninka ugu haysta legdanka carabta oo dhan, kadibna Nabiga scw ayaa ku dhahay haddii aan kula legdamo oo aan kaa badiyo ma islaamaysaa? Ninkii wuxuu dhahay: "Haa." Way legdameen waxaana badiyay Nabiga scw.

- **Ku dadaal Orodka**: sababta oo ah waa cayaaraha ugu fiican kaas oo jirka xoogeeya, sarena u qaada shaqada xubnaha jirka sida wadnaha. Orodku wuxuu ka mid yahay sunnadii nabigeena Maxamed scw. Sida aan og nahay Nabiga wuxuu la tartamay xaaskiisa Caa'isha, waxay leedahay Caa'isha: "Waxaan la socday Nabiga scw safarradiisa qaarkood, aniga oo gabar yar ah, oo aan cayilnayn, markaas ayaa wuxuu dadkii ku dhahay: Iga hor mara, markaas ayay hore u sii socdeen, wuxuu igu yiri Nabiga scw: "kaalay aan baratannee", markaas ayaan ka orod badiyay, wuu iga aamusay ilaa oo aan cayilay oo hilmaamay dhacdadaas, markaas waxaan raacay mar kale safarradiisa qaarkood, markaas ayuu dadkii ku dhahay: hore u socda, markaas ayay hore u socdeen, markaas ayuu wuxuu igu yiri: 'kaalay aan baratannee', markaas aan la orday oo iga orod badiyay, markaas ayuu qoslay isaga oo dhahaya: tan u qaado tii hore."

- **Dabaasha**: dabaashu waxay kamid tahay ciyaaraha faa'iidooyinka badan ee Islaamkuna oggolyahay in la baro caruurta soo koraya, si ay jirkoodana u dhisaan sidoo kalena ay naftooda uga badbaadin karaan qarqoomid iyo wixii lamid ah. Wuxuu Cumar ibnu Khadaab dhahay: "**Bara ubadkiina dabaasha iyo shiishka**"

Ku dadaal in aad maalin walba samaysid jimicsi fudud, si caafimaadkaaga iyo farxaddaada u siyaaddo kuna dadaal in aad jadwal jimicsi ah yeelatid.

HURDO MACAAN BADAN

Alle wuxuu Qur'aanka noogu sheegay in hurdada raaxo nooga dhigay si ay jirkeena iyo maskaxdeena nasasho u hesho, sababta oo ah marka uu jirkaaga daalan yahay maskaxda waxay halis ugu jirta waxyaabo badan, sida in daalka awgii ay maskaxdaada buuq ku furmo ama ay stress kugu furto, si aad nasiino badan u hesho waa in aad qaadata waqti kuugu filan oo hurdo ah sida 7-8 saacadood. Haddii aad seexato aadna soo kacdo maalin walba isla waqtigaas, waxay kuu sahli kartaa in aad hesho hurdo fiican. Iskana ilaali cunto cunidda xilliga aad seexan rabtid.

Ducada Hurdo La'aanta
Wuxuu leeyahay saxaabiga la yiraahdo Zayd binu Thaabit Nabiga scw ayaan u sheegtay in habeenkii oo dhan hurdo la'aan aan u soo jeedo, hurdo ma helayo. Markaas ayaa Nabiga scw i baray duco oo haddii aan akhristo uga bixi lahaa cilladaas ama xanuunkaas. Waana ducadan:

"**Allaahumma qaaratin' Nujuum Wa Hada at Al'cuyuun Wa Antta Xayul Qayuum Laa Ta khuduka Sinnatun Wa La Nawm. Yaa Xayyu Ya Qayuum Ihdi Leylii Wa Anim caynii**"

110

"Ilaahow xidigihii waa dhaceen, indhihiina waa xasileen oo dadkii oo dhan waa hurdeen, adiguna Allihii nool oo u qumaya adduunkan ayaad tahay. Gamaanyo kuma qabato iyo lulmo, hurdadana kuma qabato, Allaha noolow, oo u taagan koonkan dhanow, Habeenkayga illaahow xasili oo deji, ishaydana illaahow seexi." Saxaabigii wuxuu yiri markii aan ducadaan akhriyay Illaahay wuxuu iga qaaday hurdo la'aantii iyo soojeedkii. Haddii aad xilli dheer hurdada dhibaatooyin kala sii kulantid waxa fiican in aad raadsatid daryeel caafimaad.

Seexo adiga oo aqriyay ducada hurdada.
Seexo adiga oo rabbiga utoobadkeenay.
Seexo adiga oo naftaada xisaabiyay.
Seexo adiga oo iska cafiyay qof kaste oo ku dulmiyay.
Seexo adigoo ka fikirayo lakulanka alle.
Seexo adigoo aqriyay Suratul Al-mulk.

SAFAR RAAXO BADAN

Waxaan shaki ku jirin in safarka, fasaxa ama booqashada xeebaha aad u wanaagsan yahay, sababta oo ah wuxuu qofka ku dareemayaa firfircooni dhanka jirka ah, waxayna saamayn kartaa caafimaadka maskaxda iyo dareenka farxadda. Alle in badan ayuu qur'aanka nagu amray in aan socono dhulka oo aan fiirino abuuritaanka Alle iyo quruxdiisa si aan isaga u xasuusano.

Baaritaan cusub oo jaamacadaha dalka Maraykanka soo saareen ayaa tilmaamaysa, in habka ugu wanaagsan ee qofku nasasho iyo degganaan ku heli karo ay tahay inuu muddo 5-Daqiiqo ah fadhiisto badda xeebteeda, si toos ahna u daawado badda.

Dad badan ayaa si ay isaga yareeyaan ciriiriga naftooda dareemayso iyo culayska badan ee saaran, dhanka shaqada, arrimaha guriga iyo xanaanaynta carruurta, doorta inay qaataan dawooyin, laakiin waxaas oo dhan waxa ugu fiican sida cilmi baaristan lagu ogaaday, inuu qofku tago xeebta badda kadibna muddo shan daqiiqo ah indhihiisa ku jeediyo badda, uu jirkiisa ka helo raaxo, maskaxdana ka hesho degganaansho ugu fiican.

In badan ayaan safray aad ayaan u jecelahay safarka sababta oo ah waxay leedahay faa'iidooyin aad u badan oo ka mid ah:

1. **Murugta iyo walwalka ayuu xalliyaa:** Qaadashada fasaxa ayaa loo arkaa in ay tahay hawlaha lagama maarmaanka u ah maskaxdeena si aan u nasano. Wuxuuna kaa caawinayaa inaad maskaxdaada ka qaaddo dareemada murugta ah.

2. **Farxad iyo qanacsanaan ayaa lagu helaa:** In aad safar aaddid waxay kaa caawin kartaa maskax ahaan iyo dareen ahaan farxad.

3. **Waxyaabo cusub:** In aad safar ku soo qaadato meel ka baxsan dalkaaga waxaad la kulmaysaa dhacdooyin cusub. Dhacdooyinkaas cusub waxay kaa caawinayaan dib u soo celinta maskaxdaada iyo xoojinta niyaddaada iyo kalsoonidaada. Sidoo kale casharro qiimo leh oo aad wax badan ka baran karto iyo samaynta wax dheeraad ah ayaad la kulmaysaa.

4. **Nafsadaada ayuu hagaajiyaa:** Safarku wuxuu awood kuu siinayaa in aad ballaariso maskaxdaada hab aad u maleyneysay marki hore inaysan suurto gal ahayn, ayaad ogaaneysaa inay suurta gel tahay.

6

KA FARXI DADKA

Qofka noloshiisu waxay qiimo leedahay
inta uu qiimo ku kordhinayo nolosha dadka!
Jacayl, farxad, saaxiibtinimo, naxariis iyo kalsooni.

FAAFI FARXADDA

Marwalba oo aad farxad ku abuurtid qalbiyada dadka kale, waxa badata farxadda qalbigaaga, adna Alle wuxuu kuu soo dirayaa dad ka shaqeeya farxaddaada. Alle wuxuu leeyahay: "**Abaalmarinta wanaaggu waa wanaag**". Farxaddaadu waxay ku jirtaa in aad ka farxisid dadka kale oo aad u naxariisatid, caawisid, u dhoola caddaysid, kula hadashid hadal wanaagsan, dhammaan waa dabeecado iyo akhlaaqiyaad ruuxda iyo nafta dareensiiya raaxo, xasilooni iyo nabadgalyo.

Farxaddaadu waxay ku jirtaa qof kale farxaddiisa

Macalinku wuxuu inoo sheegay in maalintaas ay jirto cashar aad u muhiim ah. Waxaan is dhahay qofka ugu horeeya ee fasalka tago noqo, laakiin dad badan ayaa iiga soo hormareen. Macalinkeeni ayaa soo galay, waxa uuna inoo qaybiyay warqad yar oo waxba ku qornayn, wuxuu yiri: "Qof kasta magaciisa halkaa haku qoro", magacyadeena ayaan ku qornay, waana u dhiibnay.

Waxyar kadib warqadihii ayuu hal qol ku aruuriyay, wuxuuna yiri: "Qof kasta warqadda magaciisu ku qoray haku soo qaato 2 daqiiqo gudahood". Waxaan u orday qolkii ay warqadaha ku jireen, si aan warqadayda usoo qaato, laakiin qof kasta ayaa isna raba inuu warqaddiisa qaato. Si kasta aynu isku ciriirinaba qofna ma helin warqaddii ay magaciisu ku qornayd. Macalinkii ayaa yiri: "Joojiya! Markaan isku daya, qofka qofkale warqadiisa hela inuu siiyo qofka magaciisa ku qoran yahay". Daqiiqado yar gudihiisa ayuu qof kasta oo annaga naga mid ah ku helay warqaddiisa.

Macalinkii ayaa wuxuu yiri kadib: "Marar badan nolosheena sidan oo kale ayaa ku dhacda, qof kasta wuxuu meelkasta ka raadinayaa farxad, mana yaqaano meel ay ka xigto. **"Farxaddeenu waxay ku jirtaa qof kale farxaddiisa, sii farxaddiisa, waxaad helaysaa farxadaada"**, tanina waa nolosheena".

Nabiga scw wuxuu inoo tilmaamay in camalka Alle uu ugu jecel yahay uu yahay **"In farxad lagu abuuro qalbiga muslimka ah"**. Alle ayaa kugu jeclaanaya ajarna waad ku helaysaa, in aad dadka la jeclaatid farxadda oo farxaddooda aad ka shaqaysid. Noqo mid farxadda faafiya.

Nabiga scw wuxuu leeyahay: **"Midkiina iimaan dhab ah lagama helin ilaa uu walaalkii la jeclaado waxa uu naftiisa la jecel yahay."** Qof walba oo anaga naga mid ah wuxuu jecelyahay in uu maalinwalba ku nolaado farxad, haddaba la jeclow adiga na farxadda dadka kale. Caawi dadka si uu Alle kuugu caawiyo.

Waxaa jira waxyaabo badan oo aad maalin kaste samayn karto kuwaas oo iftiiminaya maalintaada, ku dareensiinaya deggenaan iyo farxad, kugu jeclaanayaan dadka, kuuna ducaynayaan, ajar iyo xasanaadna aad ku helaysid oo aan lacag u baahnayn, waxa ka mid ah:

- Isku day in aad ka qosliso saddex qof maalin kaste.
- Qof murug hayso oo aad dhiirigeliso ama rejo geliso.
- Qof xanuunsan in aad soo booqato.
- Salaanta Islaamka oo aad ku salaanto qof kasta oo aad aragtid.
- Waddada oo aad wax dadka dhibaya ka leexisid.
- Waayeel aad u naxariisato ama caawiso.
- Afkaaga oo umadda ka ammaan helaan.
- Hadal wanaagsan oo aad dadka kula hadashid.

- In aad marwalba ku ammaantid wanaag.
- Carruurta oo aad la ciyaartid.
- Labo qof in aad jacayl dhexdhigtid.

Natiijada baaritaanka ugu dheer adduunka!
In aad xiriir fiican la samaysid bulshada oo qalbigooda soo jiidatid ayaa ah waddada ugu wanaagsan ee loo maro ku raaxaysiga nolosha. Waxa laga sameeyay baaritaano aad u badan oo qiraya in ay dabeecaddan nafta ku leeyihiin saamayn aad u badan oo farxad ku abuurayaan qalbiga qofka sameeyay.

Jaamacadda Harvard waxay billowday sannadkii 1938 baaritaan loo bixiyay 'The Grant Study' Baaritaankan wuxuu socday 75 sano, waxaana lagu baarayay oo intaas dabagal lagu samaynayay nolosha caafimaad ee jir iyo maskax dad gaaraya 724. Dadkaas sannad walba su'aalo ayaa la wayddiinayay, waxa la akhrinayay warbixinnada caafimaadkooda.

Waxaa baaritaan lagu samaynayay dhiiggooda, waxa sawirro (scan) laga qaadayay maskaxdooda, waxa si gaar ah loola soconayay isbeddelka noloshooda ee dhan walba ah. Si joogto ah ayaa loo waraysan jiray, guryahooda loogu tagi jiray, waalidkoodna si gaar ah ayaa waraysi looga qaadi jiray. Kadib way waaweynaadeen, shaqooyin kala duwan ayay galeen. Midkood wuxuu madaxweyne ka noqday Maraykanka, qaarkood khamriya cab daran ayay noqdeen, kuwo nolosha heer sare ayay ka gaareen, kuwo kalana dhanka kale.

75 sano kadib oo baaritaan ah waxa la oggaaday: qofka xiriir fiican la leh qoyska, saaxiibbada iyo bulshadaba ayaa caafimaadkiisa jir iyo maskaxba aad uga

fiican yahay kan keliga ah oo xiriirkiisu yar yahay. Xiriirrada wanwanaagsan waxay saamayn weyn ku leeyihiin ku raaxaysiga iyo qanacsanaanta nolosha. Goerge Vaillant oo daraasadda 3 buug ka qoray wuxuu leeyahay baaritaanka waxay na tusaysaa: **"Farxaddu waa xiriir wanaagsan oo ku dhisan jacayl joogta ah"**.

DABEECADDA WANAAGSAN

Haddii ay quruxda jiidanayso aragyada, akhlaaqduna waxay jiidan qalbiga. Dabeecadda wanaagsan waxay qurxisaa wajigaaga. Waxay kuu yeeshaa soo jiidasho. Waxayna ku jeclaysiisaa dadka. Dadka qaarkood marna ma dhammaato quruxdooda si walba oo ay u weynaadaan, sababta oo ah quruxdoodu ma ahayn wajiga, laakiin waxay ahayd qalbiga.

Diinta Islaamka ma ahan oo kaliya salaad, soon iyo sako, sidoo kale waxa in badan nala amray in aan ku dadaalno dabeecadda wanaagsan. Qofkii la yimaadda dabeecad xun haddii uu salaadda iyo soonka ku dadaalo xitaa lagama aqbalayo sida uu Nabiga scw uu leeyahay: **"Qofka aan iska deyn hadalka beenta ah iyo dhaqanka xun Allaah dan ka ma lahan inuu iska daayo cuntadiisa iyo cabiddiisa"**.

Sidoo kale Nabiga scw waxa loo sheegay maalin maalmaha ka mid ah in ay dhimatay haweenay salaadda, soonka iyo sekada ku dadaali jirtay laakiin deriskeeda dhibi jirtay? Waxa uu ku jawaabay In Naagtaas la cadaabayo mar haddii ay dhibi jirtay deriskeeda.

Nabiga scw wuxuu maalin ku yiri asxaabtiisa: **Magaranaysaan ninka hanti beelay?!** Waxay yiraahdeen; ninka hanti beelay waa midka aan xoolo haysan. Nabiga scw ayaa yiri: **"Ninka xoolo beelay xagga Alle waa 'midka maalinta qiyaamo la keeni doono isaga oo wata salaad badan iyo soon badan iyo seko badan, laakiin waxa la keenayaa isaga oo qof caayay iyo qof uu maal ka dhacay iyo qof uu garaacay, markaas ayaa dadkii uu intaas ku sameeyay loo qaybinayaa ajarkiisa oo marka ajarkiisu dhammaado ayaa dambigoodii la soo qaadayaa oo isaga dusha laga saarayaa sidaasna naarta loogu tuurayaa."**

Sababta ugu muhiimsan ee Nabiga scw loo soo diray waa in uu dhammaystiro dabeecadaha wanaagsan ee qofka iyo bulshada. Nabiga scw wuxuu leeyahay: **"Waxaa aniga la ii soo diray si aan u dhammaystiro dabeecadaha wanaagsan."** Diinta arki maysid Allaah oo na amraya cibaado aan caddayneyn ujeeddada laga leeyahay in ay tahay in dabeecadda wanaagsan ay dhammaystirayso.

Tusaalooyinka waxa ka mid ah:
- **Salaadda:** "Oog salaadda si wanaagsan. Hubaal, salaaddu waxay ka reebtaa (qofka) anshax darrada iyo xumaanta".

- **Sakada:** "Ka qaad (Nebi Allow) maalkooda sadaqo (sako) aad ku daahirinayso". Iyada oo micnaha sakadu tahay; u axsaan falka dadka iyo wanaajintooda, haddana sidoo kale waa edbin nafta.

- **Soonka:** "Waxaa la idinku faral yeelay soon, sidii loogu faral yeelayba kuwii idinka horreeyay, si aad isaga jirtaan (xumaha)". Qofkii uusan saamayn soonka naftiisa iyo edebtiisa xagga dadka ma uusan hirgelin ujeeddada soonka.

Ajarka Dabeecadda Wanaagsan

Dabeecadda wanaagsan waxay leedahay ajar iyo xasanaad aanan la soo koobi karin sida:

1. Nabiga scw uu leeyahay: **"Akhlaaqda wanaagsan wuxuu qofku ku gaaraa darajada qofka maalin oo dhan sooman oo habeenkii tukanaaya"**.

2. Waxa kale oo uu yiri Nabiga scw: **"Akhlaaqda wanaagsan waxa lagu galaa jannada"**.

3. Waxa kale oo uu yiri Nabiga scw: **"Akhlaaqda wanaagsani waxay cuslaysisaa miisaanka qofka maalinta qiyaamaha."**

4. Waxa kale oo uu yiri Nabiga scw: **"Akhlaaqda wanaagsani waxay kordhisaa cimriga"**.

5. Waxa kale oo uu yiri Nabiga scw: **"Waxa ugu badan ee dadku ku galaan jannada waa Alle ka cabsiga iyo dabeecad wanaagga"**.

"Allow sida aad u wanaajisay abuuritaankayga allow u wanaaji dabeecaddayda"

Maxaa ka quruxbadan in aad tusaale ka dhigatid macalinka farxadda xabiibkeena Muxammed scw; Anas wuxuu leeyahay: **"Nabiga scw wuxuu ahaa dadka kan ugu dabeecad wanaagsan."** Sidoo kale marka uu Alle ammaanayay wuxuu ku ammaanay dabeecad wanaag **"Waxaana kuu sugnaaday dabeecado (fiican) oo weyn."**

Tusaale dabeecadihii Nabiga scw:

1. **Carruurta:** Nin reer baadiye ah ayaa u yimid Nabiga scw markaas wuxuu yiri: Ma waxaad dhunkataan ilmahiinna? Waayo innaga ma dhunkanno ilmaheenna, markaas Nabigu scw wuxuu ugu jawaabay: **"Maxaan kuu qaban karaa haddii uu Allaah ka qaaday qalbigaaga naxariista."** Nin kale wuxuu arkay Nabiga scw oo dhunkanaya Xasan bin Cali, markaas ayuu yiri: "waxaan leeyahay toban wiil aan marnaba dhunkan mid ka mid ah", markaas ayuu Nabiga scw wuxuu yiri: **"Qofkii aan naxariisan loogama naxariisto xagga Ilaahay"** marka ay u timaaddo gabadhiisa Faadimah wuxuu soo qabanayay gacanteeda oo dhunkanayay, wuxuu fariisanayay halka uu fariisanayo.

   Nabiga scw wuxuu mar tukaday isaga oo xambaarsan gabadha uu awoowaha u ahaa Umaamah Binti Zaynab, sidaas awgeed marka uu sujuudo wuu dhigayay, marka uu soo kacona wuu qaadayay. Marka uu galo salaadda oo maqlo oohinta ilmo, wuxuu ku dhaqsanayay gudashada salaadda oo khafiifinayay. Waxa laga soo weriyay Abuu Qataadah oo ka soo weriyay Nabiga scw inuu yiri: **"Waxaan u istaagaa salaadda aniga oo doonaya in aan ku dheeraado, markaas baan maqlaa oohinta ilmo yar, oo soo gaabshaa salaaddayda, aniga oo nacaya inaan dhibaateeyo hooyadii."**

2. **Qoyska:** Nabiga scw wuxuu qaban jiray hawlaha guriga oo wuu ku caawin jiray reerkiisa wax kasta, ha yaraadaan ama ha weynadaan, sida ay leedahay xaaskiisa Caa'isha: **"Wuxuu qaban jiray hawlaha ay u baahan yihiin reerkiisa."**

3. **Xoolaha:** Waxa uu ku boorrin jiray dadka in ay daryeelaan xoolaha, oo aanay saarin wax aanay qaadi karin, oo aan la dhibaatayn. Nabiga scw wuxuu yiri: "Allaah wuxuu qoray in la wanaajiyo wax kasta qabashadooda, sidaas darteed marka aad dilaysaan (xoolaha) wanaajiya dilka, oo marka aad wax gawracaysaan wanaajiya gawraca, oo midkiin ha soofeeyo afka middidiisa oo ha u fududeeyo gawraciisa"

Nabiga scw wuxuu inoo sheegay in haweenay ku gashay naarta inay xirtay darteed yaanyuuray lahayd oo u dhimatay gaajo. Wuxuu sidoo kale taa beddelkeeda innoo sheegay inuu Allaah ugu dambi dhaafay nin inuu waraabshay ey uu harraad ka batay. Nabiga scw wuxuu yiri: "**Haweenay waxay ku gashay Naar bisad ay xirtay markaa cunto ma aanay siin, umana aanay deyn inay wax ka cunto cowska arlada.**"

Nabiga scw wuxuu inoo tilmaamay: "Nin isagoo maraya waddo buu aad u oomay, markaas ayuu helay ceel oo biyo ka cabbay, markaas kadib wuxuu arkay ey aad u ooman oo cunaya ciidda oon dartiis, markaas ayuu ninkii wuxuu yiri: Wuxuu eygan ka gaaray oonka meesha aniga iga gaaray oo kale, markaas ayuu ceelka biyo uga soo doonay, markaas ayuu biyo siiyay eyga, markaas ayaa Allaah u dambi dhaafay." Waxay wayddiiyeen saxaabadu: Nebi Allow, **oo ma waxaan ka heleynaa ajar xitaa xoolaha?** Wuxuu yiri: "Beer kaste oo qoyan waxa ku sugan ajar."

Sideen u wanaajiyaa dabeecaddayda?

Maleedahay dabeecado aan wanaagsanayn oo aad doonaysid in aad beddasho oo aad ku beddashid dabeecado wanaagsan, taasi oo noloshaada horumarinayso. Dabeecaddaada waxa lagu beddali karaa habka *SWOT*. Habka SWOT waa habka ugu fiican ee isbeddal la taa ban karo aad ku gaari kartid.

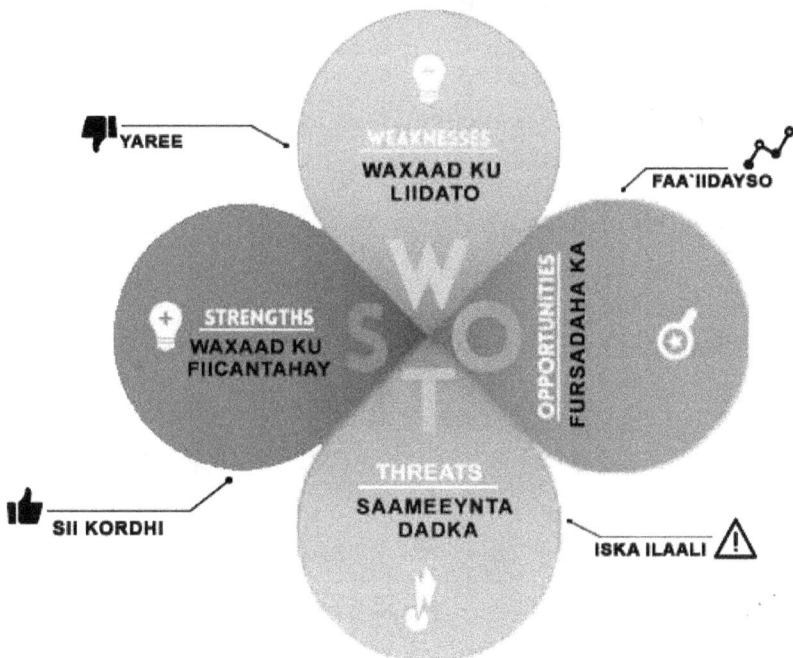

SWOT waxa loo soo gaabiyay:

S – strengthness =	Waxaad ku fiicantahay sii kordhi.
W – weakness =	Waxaad ku liidato yaree.
O- opportunites =	Fursadaha ka faa`iidayso.
T – threats =	Saamaynta dadka iska ilaali.

Waxaad u isticmaali kartaa sidan:

1. Qor dabeecadaha aad ku fiicantahay ee aad doonayso in aad kordhiso.
2. Qor dabeecadaha aad ku liidato ee aad doonaysid in aad yarayso.
3. Qor fursadahaaga aad doonaysid inaad ka faa'iidaysato.
4. Qor dadka waxyaalaha ay kugu saamaynayaan.

Tusaale:
S= Haddii aad ku fiican tahay in runta aad sheegtid, haddaba sii kordhi.
W= Haddii aad ku liidato in aad xanaaq badan tahay, haddaba yaree.
O= Fursadaha aad helaysid in xanaaqa aad iska yaraysid, ka faa`iidayso.
T= Saameynta dadka ka xanaajinaya, iska ilaali.

QURUXDA WAJIGAAGA

Waad qurux badan tahay marka aad dhoola caddanaysid.

Dhoola caddayntu waa hadal wanaagsan oo aan codkiisa la maqlin.

Dhoola caddayntu waa luuqad ay fahmayaan adduunka oo dhan.

Dhoola caddayntu waxay kuu soo jiidaysaa qalbiyada si sahlan oo dhib la'aan ah.

Maalintii kusoo marta adiga oo aan dhoola caddaynin, waa maalin aad qasaartay.

Dhoola caddayntu waxay abuurtaa raaxo nafsi ah, waayo marka aad dadka u dhoola caddayso iyagana waji wanaagsan ayay kugu qaabilayaan.

Dhoola caddayntu waxay khafiifisaa murugada maskaxdaada, kaas oo kugu hagi kara inaad noqoto mid farxad u hela si joogto ah.

Haddii aadan sabab u noqon karin qof dhoola-caddayntiisa, sabab ha u noqon qof ilintiisa.

Dad badan ayaa jira jecel in ay nolashaada ku qurxiyaan farxad iyo dhoola caddayn, adiga na isku day in aad ku abaalmarisid dhoola caddayn qurux badan haddii aadan wax kale awoodin.

Xabiibkeena Muxamed scw wuxuu ahaa farxad socota mid marwalba dhoola caddeeya oo la kaftama saxaabada. Cabdilaahi ibnu Xaaris wuxuu leeyahay: **"Maan arkin cid ka dhoola caddayn badan Nabiga** scw**"** maxaa ka qurux badan dhoola caddaynta Xabiibkeena Muxammed scw.

Jaabir bin Sumra ayaa fiiriyay dayaxa iyo Nabiga scw wajigiisa, wuxuu dhahay Nabiga scw wuu ka nuur badnaa dayaxa.

Nabiga scw wuxuu dhihi jiray: **"U dhoola caddaynta wajiga walaalkaa waa sadaqo"** iyo **"Wanaagga ha yaraysan, haba ahaato inaad walaalkaa kula kulanto waji furan."**

Shakina kuma jiro in walaalkaas oo qalbigiisa aad farxad geliso inay kamid tahay akhlaaqda teeda ugu wanaagsan, sidaas awgeed waxaa kamid ahaa dhaqankii Nabiga scw in uu ka farxiyo dadka, xaasaskiisa, carruurta.

Maalin ayaa Nabiga scw wuxuu usoo galay Caa'isha oo ciyaaraysa, markaas ayuu ku dhahay: waa maxay kuwani? Waxay dhahday: Waa hablahayagii. Wuxuu yiri: muxuu yahay kan u dhexeeyaana? Waxay dhahday: waa faras. Wuxuu dhahay: oo waa maxay waxan uu wato? Waxay dhahday: waa baalal. Markaas ayuu yiri: oo ma farasbaa baalal leh? Waxay dhahday: miyaanad maqal in fardihii nebi Sulaymaan Ibnu Daawuud ay lahaayeen baalal. **Markaas ayuu qoslay Nabiga illaa laga arkay gaws danbeedkiisa.**

Haweenay duq ah ayaa u tmid Nabiga scw oo ku dhahday: Nabiga Ilaahayoow, ii bari Allah si uu ii galiyo jannadiisa. Wuxuu dhahay Nabiga scw: **"Jannada ma galaan islaamuhu."** Markaasay laabatay iyada oo murugaysan oo oynaysa, markaas ayaa Nabiga dhahay: "ma gelaysid adiga oo waayeel ah, ee da'daada ayaa la yaraynayaa. miyaanad akhrin aayada Qur'aanka: **"Inna ansha nahunna insha a - fajacalnahuna abkara"**, (Annagaa da'yarayn haweenka jannada . Kana dhigi kuwa bikrooyin ah).

Dhoolacaddayntu waxay leedahay saamayn caajiiba, waana muhiim qof kasta oo doonaya inuu kasbado jacaylka dadka in uu badiyo dhoolacaddaynta.

Maahmaah ay isticmaalaan dadka chineska ayaa ah **"Haddii aadan ku fiicnayn dhoolocaddaynta ha furan dukaan".** Shirkadaha guulaystay ayaa qaar shuruudaha shaqaalahooda ka dhiga **in ay badiyaan dhoolacaddaynta, si ay u soo jiitaan una raali geliyaan macaamiishooda** (customers). Waji furan ayaa lagalaa ee albaab furan lama galo.

"Hadal wanaagsan ku hadal ama iska aamus" (xadiis)

Hadalka wanaagsan waa hadiyad midka ugu wanaagsan oo la isa siiyo. Hadalka wanaagsan ee macaan qalbiga iyo naftaba ayuu u fiicanyahay, farxad iyo isjacayl ayuuna ku beeraa, quluubtana wuu isu soo dhoweeyaa, wuxuuna meesha ka saaraa cuqdada, nacaybka, kala shakiga iwm. Alle wuxuu leeyahay: **"Dadka (Hadal wanaagsan) ku dhaha."** Kuma koobna muslimiinta keliyah ee dadka oo dhan muslim iyo gaalba waxa la ina amray in aan hadal wanaagsan kula hadalno.

Si gaar ah hadalka macaan ee qalbiga ku beeraya wanaagga waxa u baahan waalidka iyo ilmihiisa, walaalka iyo walaalkiis, ninka iyo xaaskiisa, macallinka iyo ardaygiisa, masuulka iyo shaqaalihiisa. Si guud in wanaag loogu wada hadlo, looguna wada dhaqmo ayaa la doonayaa; si loo noqdo bulsho iyo ummad dhinac walba ka wanaagsan.

Nabiga scw wuxuu yiri: **"Kelmadda wanaagsan waa sadaqo."** Hadal walba oo wanaagsan aad dadka kula hadashid waxaad ku helaysaa ajar!
Imisa mar ayaad dadka maalintii ku dhahdaa hadallo wanaagsan oo qalbigooda soo jeedinaayo? Waxa la oggaaday dadka hadallada macaan inay yihiin dadka loogu jecel yahay ee ugu saamaynta badan.
Hadalka macaan wuxuu jilciyaa quluubta ka adag dhagaxa, hadalka xun wuxuu kharibaa quluubta ka khafiifsan suufka.

Hadalka Wanaagsan
Hadalka wanaagsan waa hadalka dabacsan ee ixtiraam iyo qaddarin wata ee aan didmo iyo dhaawac u gaysanaynin quluubta dadka. Waana hadal macaan oo ku

sidata ammaan, duco iyo nasteexo iyo tusaalaynta hufan ee waxtarka leh.

Inta Aadan Hadlin Dhegayso

Wada sheekaysigu waa hadal iyo maqal. Labadoodana dhegaysiga ayaa adag. Qof walba waxa uu rabaa in uu hadlo, sidaas daraaddeed, qof walba wuxuu rabaa in la dhegaysto. Hadalka waxba laguma barto ee dhegaysiga ayaa wax lagu bartaa. Haddii aad maanta oo dhan hadlayso, jahligaaga uun baa soo baxaya. Laakiin dhegaysiga, wax badan buu qofka baraa. Maaddaama qof walba uu doonayo in uu hadlo, haddii aad dadka dhegaysato marka ay hadlayaan ee ay kuu sheekaynayaan, waxay u tahay qaddarin iyo waynaan. Waxay dareemayaan in aad agtooda ku wayn tahay maaddaama aad dhegaysanayso. Haddaba haddii aad doonayso in dadka la sheekaysigaaga jeclaystaan, noqo dhegayste wanaagsan.

Hadalka Malab Ugu Dar

Ereyada macaanka badan waa sixir oo kale, qofka qalbigiisa ayay si toos ah u gelaysaa, hadalkaaga ku dar malab si uu u noqdo macaan uu usoo jiito qalbiga. Ku tilmaan qofka kale sifo wanaagsan. Bani'aadamka waxa uu ugu jecel yahay ayaa ah ammaanta.

Nin boqor ahaa ayaa ku riyooday ilkihiisa oo soo daatay kadibna wuxuu u yeeray nimankii riyada u fasirayey, kadibna kii koowaad ayaa dhahay: "Mudane, riyadaadu waxay tilmaamaysa in ehelkaagu dhammaantood ay dhimanayaan." Boqorkii inta uu xanaaqay ayuu ninkii xabsiga geeyay. Kadibna nin kale oo riyada fasira ayaa boqorkii u yimid wuxuuna dhahay: "Boqorow, **Hanbalyo, Hanbalyo!**" Boqorkiibaa isaga oo yaaban dhahay: "Maxaad iigu hanbalyaynaysaa?"

Wuxuu dhahay: "Riyadaadu waxay sheegaysaa in adigu aad tahay qofka ugu cimriga dheer ehelkaaga, kadibna boqorkii inta uu farxay ayuu ninkii hadiyad siiyay." Iyada oo labadii nin ee wax fasirayayba ay sheegeen in boqorka ehelkiisu dhimanayaan, haddana u fiirso farsamada ninka danbe adeegsaday.

Isku dey in aad marwalba hadalkaaga ka horaysiisid ammaan aad dadka qalbiyadooda ku furayso.

Ilaali Dareenka Qofka Aad Waaninaysid

Carruurta yaryar ee xanuusan, ma jecla inay cunaan dawooyinka qaraarka ah, sidaas awgeed waxa waalidka ka horeysiiyaan waxyaalo macmacaan sida nacnaca, sababta oo ah daawo qaraar ah oo qallalan majecla carruurtu inay cabbaan. Sidaas oo kale marka aad rabto in aad qof wax ka qaldanyihiin u sheegto, marka hore ammaan soo jeedi si uu qalbigiisa kuugu furo kadibna arrintii ka qaldanayd u sheeg.

Sidaas waxa samayn jiray Nabiga scw Cabdillaahi ibnu Cumar oo ahaa wiil dhallinyaro ah, ayaa wuxuu seexan jiray masaajidka, kadibna wuxuu ku riyooday isaga oo laba malag u yimaadeen oo ay cadaabta usii wadaan, markaas ayuu dhahay: Ilaahow cadaabtaan kaa magan galay. Kadibna riyadii ayuu walaashiis Xafsa u sheegay, iyadana Nabiga scw ayay u sheegtay, wuxuuna dhahay Nabiga scw: **"Cabdillaahi waa nin wanaagsan, haddii uu salaadda habeenkii tukan lahaa."**

Yaa Allah, Ereyada amaanta waa sixir oo kale, maxaa ka cajiib badan Nabiga scw, bal waxaad qiyaastaa haddii uu Nabiga scw dhihi lahaa: Cabdillaahi isaga oo masaajidka Nabiga   scw seexda ayaanu Salatul-layl tukanin, waa nin xun, niyad jab soo kuma dhici lahayn saxaabigan.

Runta Ka Hadal

Marwalba ka hadal runta sababta oo ah waxay kugu hoggaaminaysaa waa jannada. Haddii aad tahay qof beenaale ah, dadku ma kugu kalsoonaadaan.

U Mahad Celi Dadka

Qofka ibnu aadamka ah haddii aad uga mahadceliso wanaagga uu kuu qabtay, wuxuu dareemayaa inaad abaal u hayso taas oo ku dhiirigalinaysa inuu wanaaggii sii joogteeyo. Haddii waxyar oo fudud laguu sameeyo ku mahadceli adiga oo qofkii wanaagga kuu sameeyay tusaya in aad ku faraxsantahay wanaaga uu kuu sameeyay. Diinta Islaamku waxay isku xirtay u mahadcelinta dadka iyo u mahad celinta Illaahay, wuxuuna dhahay Nabiga scw: **"Qofkii wanaag idiin sameeya uga abaalguda, haddii aydaan helin waxaad uga abaalgudaan, u duceeya illaa aad ka arkaysaan inaad u abaalgudeen"**

Waxa kale oo Nabiga scw dhahay: **"Illaahay uma mahadcelinin qofkii aan dadka u mahadcelin."** Haddii wanaag laguu sameeyo, ma waxaa ku dhibaysa ereyga ah **"Waad mahadsantahay"**. Haddii uu qofku ka mahadceliyo wixii loo qabtay, ha yaraato ama ha waynaatee, isaga na wanaag walba uu dadka u sameeyo waalooga mahadcelinayaa!

Ka Hadal Dareemahaaga

Haddii aad qof u qabtid jacayl waxa muhiim ah in aad u sheegtid jacaylka aad u qabtid sababta oo ah Nabiga scw wuxuu leeyahay: **"Haddii aad qof jeclaatid ugu tag gurigiisa una sheeg inaad jeclaatay."**

QOF LA JECELYAHAY

Kula dhaqan qof waliba sida aad kula dhaqanto nafsaddaada, ha yasin, ha xaqirin, been ha u sheegin, ha xaman, hana isku dayin inaad qof dulmiso, waayo samanka waa wareegtaa ka dib waxa uu ku dhadhansiiyaa waxaad samaysay.

Sideen ku noqdaa qof la jecelyahay?

1. **Dareensii qofka in uu muhiim yahay:** Haddii aad doonayso in dadku ku jeclaadaan, ku qaddariyaan, la kulankaaga usoo xiisaan, dareensii in uu agtaada ku wayn yahay. Qof walba wuxuu jecelyahay in uu dareemo in uu muhiim yahay.

2. **Ku bilow salaan qiimo leh:** Salaanta waxay badinaysaa jacaylka ay dadka kuu qaadayaan wuxuu yiri Nabiga scw **"Salaanta badiya oo faafiya waad is jeclaanaysaane"** Salaanta kuma xirna qofka aad taqaanid ee salaan midka aad taqaano iyo midka aadan aqoonba.

3. **Dadka kala hadal waxa ay danaynayaan:** Qof walba waxa uu doonayaa in la gala hadlo baahidiisa. Maadaama dadka aanan wada helin cid kala hadasha waxa ay iyaga rabaan in lagala sheekaysto, laga waraysto, haddii aad adiga booskaas u buuxisid, waxaad noqonaysaa qof agtiisa ku wayn oo in badan xusuusto. Qofka aad kulanto ka warayso riyooyinkiisa, waxyaabaha uu jecel yahay in uu qabto iwm. Waxaa hubaal ah, haddii uu walaalkaa yahay, haddii uu waalidkaa yahay, haddii uu saaxiibkaa yahay iyo

haddii ay cid kale tahayba, in uu wax badan dadka kaasoo dhawaysan doono.

4. **Booska dadka is dhig:** Dadka waxaad u muujisaa inaad aqbasho cudurdaarkooda, adiga oo is dhigaya booskooda ay taaganyihiin. Dadka haddii aad sidaas kula dhaqanto waxay dareemayaan in aad iyaga dantooda u taagantahay, waxayna kugu haynayaan qalbigooda iyaga oo kuu muujinaya dareen jacayl iyo mid naxariis.

5. **Ceebaha Dadka ha sheegsheegin:** Haddii aad rabto inaad dadka kasbato waa inaad ka dheeraata ceebaha dadka, sababta oo ah qofkasta wuxuu leeyahay ceeb ugaar ah. Tusaale ahaan; maalin ayay saxaabadii Nabiga scw ku arkeen Cabdillaahi ibnu Mascuud, isaga oo geed cadaya soo goosanaya oo dabayshuna marba dhinac u tuurayso, markaas ayay ku qosleen!

   Nabiga scw wuxuu yiri: "Maxaad la qoslaysaan?" Waxay dhaheen: Lugihiisa caatada ah. Wuxuu ku dhahay Nabiga scw: **"Ilaahbaan ku dhaartee lugihiisu miisaanka waxay ka culus yihiin buurta Uxud".**

6. **Qiro qaladaadka aad gashay:** Marka aad qiratay qaladkii aad gashay oo aad qofkii ka raali galisay, waxaad qiyaastaa qofkaas kalsooni intee le'eg ayuu kugu qabayaa. Nebigeena wuxuu ina baray duco cajiibah oo aynnu ku ducaysanayno maalin kaste iyo habeen kaste ba ducadaas oo aah: **"Waxaan qirayaa nicmada aad korkayga ku nicmaysatay, waxaan kale oo aan Illaahayoow kuu qirayaa danbigaygii, ee ii danbi dhaaf, maxaayeelay cid danbi dhaaftaa majirto oo aan adiga ahayne".**

Nabiga scw wuxuu inoo caddeeyay in ducadan qofkii ku ducaysta subaxdii ee dhintaa isla maalintaas uu jannada galay, qofkii ku ducaysta galabtana ee dhinta isla habeenkaasna uu jannada galay.

7. **Isu hadiyeeya waad is jeclaanaysaan:** Hadiyaddu waa dhaqan uu noogu dardaarmay nebigeena Muxammed scw in aan isu hadiyeyno waxyaabo qaali ah iyo wax aan qaali ahaynba, si aan isu jeclaano. Nabiga scw wuxuu leeyahay: **"Isu hadiyeeya waad is jeclaanaysaan."**

8. **Dadka u naxariiso adigana halaguu naxariistee:** Nabiga scw wuxuu yiri: **"Kuwa naxariista waxa u naxariisanaya iyagana naxariistaha Allaah."** U naxariista kuwa dhulka jooga, waxa idiin naxariisanaya Kan samada joogo "Allaah-"

9. **La tasho oo taageero ka dalbo:** Haddii aad asxaabtaada ku dhahdid; qorshahan aynnu qaadanay bal ka talo bixiya, maxay idinla tahay? Fikirkiina waa noo muhiim, fadlan nala wadaag aragtidaada. Ereyadaasi waxay dadka dareensiinaysaa, in horumarka la rejaynayo ay qayb ka yihiin. Marka aad fikrad soo ban dhigayso qofka dareensii inay tahay wax aad wada leedihiin oo aadan ka caqli badnayn.

10. **Ha hilmaamin is qurxinta iyo nadaafadda:** Quruxda iyo nadaafaddu waxay soo jiidataa isha, dadkana way kuugu jeclaanayaan. Nebigeenu scw wuxuu yiri: **"Ilaahay waa qurxoonyahay, waxa uu jecelyahay quruxda iyo waxa qurxoon oo idil"**

11. **Ballanta illaali:** Diinteena waxay marar badan nagu dhiirigelisay ballanta in aan ilaalino, taas oo la

gaarsiiyay heer munaafaq lagu tilmaamo qofkii aan oofinteeda ku dadaalin. Afkaaga adaa furaha u haya ee wixii aad ballan qaadayso miisaanka saar.

12. **Caawi xilliyada adag:** Dadka ma iloobaan qofkii caawiya xilliyada adag, sidoo kale ha dhihin "Hebel" ima yaqaano wakhtiga danta uu leeyahay maahane, laakiin waxaad dhahdaa waxa mahadleh Allihii igu karaameeyay inaan dadka dantooda u fuliyo, sababta oo ah waxa jira xadiis dhahaya: "Dadka Alle agtiisa loogu jecel yahay waa dadka ugu anfac badan dadka."

13. Dareensii in aad wanaagga la jeceshahay.

14. Xifdi magacyada dadka, uguna wac magacyada ama naaneysta ay jecelyihiin!

15. Qof kasta dabeecaddiisa oo wanaagsan kula dhaqan, si aad usoo jiidato.

Qodabada muhiimka ah ee aad ka faa'idaysatay
buuggan ku qor halkan:

MAHADNAQ

Mahad dhammaanteed illaahay baa leh. Allaha noogu nicmeeyay nicmooyin fara badan oo aan la koobi karin. Allaha na siiyay arag, maqal, caqli iyo xoog. Allaha nagu hanuuniyay diinta toosan ee Islaamka. Allaha ii fududeeyay in aan qoro buuggan ka hadlaya; ku raaxaysiga nolosha. Intaas kadibna waxaan u mahad celinayaa Nebi Muxammed scw midka u ilmeeyay aragtideena dartiisa, midka marka maalinta qiyaamo qof walba dhahayo "Nafsii Nafsii" isaguna dhahayo: "Yaa rabbi umatii, umatii." Midka ina baray farxada dhabta ahi, waxa ay tahay iyo sida aan ugu raaxaysan lahayn nolashan adduunka ah.

Sidoo kale waxaan u mahad celinayaa cid kaste oo gacan ka gaysatay in aan qoro buuggan soona saaro, ugu horeeyaan labadayda waalid kuwaas oo igu dhiirigeliyay in aan qoro buuggan qiimaha badan. Waxaan kale oo mahad gaar ah u jeedinayaa walaalkay Cumar Mohammed oo isaga la'aantiis buuggani suurta gal noqon lahayn, habeen iyo maalin igu garab istaagay si aan u soo saari lahaa buuggan.

Waxa mahadnaq, tixgelin iyo xus gaar igu leh adiga oo aqrinaya buuggan, aad iyo aad baan kaaga mahadcelinayaa in aad buuggan waqtigaaga qaaliga ah geliso !!

Waxaan kale oo aan u mahadnaqayaa dadka kale ee iyaguna ka qayb qaatay dib u eegista iyo sixidda buugga oo ay ka mid ka yihiin: 1, Dr Sh Cali Maxamed Saalax. 2, Dr Maryan Qaasim. 3, Professor Aweys Waasuge. 4, Dr Sh Bashiir Axmed Salaad. 5, Macallin Muuse. 6, Engineer Ali Omar. 7, Guddoomiye Muuse Xirsi.

ALLAA MAHAD LEH.

Tixraaca buugga

1. Qur'aanka Kariimka ah.
2. Axaadiista Nabiga scw.
3. Li Anak Allah, Ali Bin Jaber Al Faifi.
4. La Tahzan, DR. 'Aidh al-Qarni.
5. Istamti 'bi-hayatik, Dr Mohammed Al-'Urayf.
6. The power of now, Eckhart Tolle.
7. The power of positive thinking, Norman Vincent.
8. Happy for No Reason, Marci Shimoff.
9. Solve for Happy, Mo Gawdat.
10. Think and Grow Rich, Napoleon Hill.
11. Happy Life 365, Kelly Weekers.
12. Happy Wife, Happy Life, Scott Carlson.
13. The Art of Happiness, Dalai Lama & Howard C. Cutler.
14. How to Win a Friend and Influence People, Nopoleon Hill.
15. Eat That Frog, Mark Twain.
16. The 80/20 Principle, Richard Koch.

TED Conferences:
Happiness is all in your mind, Gen Kelsang Nyema
Want to be happy? Be grateful, David Steindl-Rast
Lessons from the longest study on happiness, Robert Waldinger
How to Be Happy Every Day?, Jacqueline Way.
How do you define yourself?, Lizzie Velasquez .

Website:
1- saaid.net
2- daryeelmagazine.com

Abubakar Mohammed

Waa daaci soomaaliyeed oo ka qaybqaatay, wacyigelinta bulshada, kaas oo saameeyay malaayiin qof oo dhallinyaro iyo waayeel ba leh, kuwaas oo jooga dalka gudihiisa iyo dibeddiisa- ba. Isaga oo ku dhiirigelinaya sidii ay ugu guulaysan lahaayeen adduun iyo aakhiraba. Wuxuu shahaadada heerka koobaad ee Bachelor Degree ku qaatay Islamic Studies.

Kala soco dhanka :

Facebook: Brotherabubakar

Instagram: Abubakar_mohamed

Youtube: Abubakarmohammed1

Snapchat: Abubakar-z

Website: www.abubakarm.com

kala xiriir:
Info@abubakarm.com